JN437537

교회교육 핸드북

교회교육 핸드북

박영수지음

초판1쇄 2010년 2월 10일
발행처 SFC 출판부
총 판 하늘유통(031-947-7777)
인 쇄 (주)일립인쇄

137-040 서울특별시 서초구 반포4동 58-5 SFC출판부
TEL (02)596-8493 FAX (02)596-5437

ISBN 978-89-93325-27-0 03230

값 7,500원
독자의 의견을 기다립니다.
www.sfcbooks.com

ㅁ잘못 만들어진 책은 언제든지 교환해 드립니다.

교회교육 핸드북

The Handbook for Education in the Church

박영수 지음

SFC

차례

추천의 글

서문

제1부 한국교회가 한국사회를 살릴 수 있는가?

1. 무너진 공교육과 사회적 문제

2. 교회교육이 그 대안인가?

3. 교회교육의 현주소와 그 대책

제2부 유대인의 자녀교육에서 얻은 아이디어

1. 성경의 진리를 우선적으로 가르치는 교육

2. 목표를 가지고 한 사람에게 집중하는 연계교육

3. 가르치는 사람이 준비된 교육

제3부 새로운 교회교육 패러다임

1. 예배를 가르치고 훈련하라

2. 믿음의 성장을 위해 양육하라

3. 비전교육으로 믿음에 날개를 달아라

4. 교사양성 및 교사교육에 힘쓰라

부록 : 교회교육자료

참고문헌

교회교육의 실질적인 지침서!

김성수 박사(고신대학교 총장)

교육(education)은 본질상 "어떤 인간으로 양육하기 위해서", "무엇을", "어떻게 가르칠 것인가?"의 문제에 관심을 갖는 실천적인 행위입니다. 교육의 현상을 탐구하는 교육학자들은 교육목적, 교육내용, 그리고 교육방법의 문제들을 핵심적인 연구대상으로 삼고 있습니다. 그러므로 학부모, 교사, 목회자들과 같이 아동 및 청소년들의 교육에 관심을 갖는 사람들은 교육의 목적과 내용과 방법에 관한 어느 정도의 지식과 통찰력이 있어야 합니다. 특별히 기독교교육에 종사하는 사람들은 이런 분야들을 기독교 세계관에 기초하여 조망할 뿐만 아니라, 어떤 문제들에 대해서는 현실적이며 합리적인 변혁을 모색하거나 대안을 제시하는 일에도 관심을 가질 수 있어야 합니다.

교육은 또한 일차적으로는 가정에서, 그 다음에는 학교에서, 그리고 넓게는 사회라는 보다 광범위한 삶의 현장에서 전개되는 활동이기 때문에, 교육에 종사하는 모든 사람들은 자연스럽게 가정교육, 학교교육, 그리고 사회교육의 문제에 관심을 갖게 됩니다. 가정교육과 학교교육, 그리고 사회교육은 마치 교육을 받치고 있는 삼각받침대와도 같아서 이중 어느 하나가 부실해지면 바람직한 전인교육이 수행될 수가 없습니다.

기독교적 인간관의 관점에서 볼 때도 피교육자인 아동 및 청소년은 어디까지나 분리될 수 없는 전인적이며 총체적인 인격체이기 때문에, 가정교육과 학교교육, 그리고 교회교육은 그것이 근원적으로 기초하고 있는 세계관과 교육철학, 그리고 교육활동이 지향하는 방향에 있어서 일관성과 통일성을 유지할 수 있어야만 합니다. 그렇지 못하면 피교육자들은 혼돈과 분열의 부작용을 경험하게 되며, 따라서 교육의 효과를 극대화할 수가 없습니다.

이 책에는 교육에 대한 저자의 남다른 관심과 교육문제 해결을 위한 열정, 그리고 교육적 대안을 제시하는 그의 지혜와 통찰이 담겨져 있습니다. 인본주의적이며 세속적인 세계관에 기초하고 있는 오늘날의 공교육을 통해서는 우리의 자녀들을 결단코 하나님 나라의 신실한 일꾼으로 양성해 낼 수 없다고 보는 저자는 교회교육이야말로 세속적 교육에 대한 효율적 대안이라고 확신하고 있습니다.

그러나 교회교육의 중요성에 대한 이와 같은 확신과 함께 저자는 오늘날 우리의 교회교육이 교육목적과 교육내용, 그리고 교육방법에 있어서 많은 문제점들을 안고 있다고 진단하고 있습니다. 저자는 특별히 어떤 사람으로 양육할 것인가에 대한 구체적인 교육목표의 부재, 사람에게 의존해 있는 부실한 교육체계, 성경적 세계관의 틀을 통해 걸러지지도 않은 빈약한 교육내용과 교육자료, 그리고 체계적인 양육방법의 부재 등은 오늘날 우리의 교회교육이 당면하고 있는 위기를 단적으로 보여주는 증거들이라고 강조하고 있습니다. 그래서 저자는 교회교육의 본질을 회복하고 변혁하는 일이야말로 교회교육의 위기를 해결할 수 있는 첩경이라고 갈파하고 있습니다.

교회교육의 중요성과 위기에 대한 이와 같은 진단을 염두에 두면서, 저자는 교회교육은 무엇보다도 사람을 귀하게 여기면서 개인에게 초점을 맞추는 교육이 되어야 한다는 점과, 교회교육이 구체적인 개인의 양육 목표 및 로드맵을 가지는 연속적이며 체계적인 교육으로 변혁되어야 할 필요성을 함께 강조하고 있습니다. 저자는 또한 학생들에게 예배의 중요성을 가르치는 예배의 교육과 더불어, 체계적인 양육, 그리고 비전교육을 교회교육의 중요한 3개의 축으로 제시하고 있습니다. 우리의 교회교육이 이와 같은 방향으로 회복되고 변혁되기만 한다면, 교육을 받치고 있는 다른 두 개의 받침대, 즉 가정교육과 학교교육이라는 받침대도 궁극적으로 건실해 질 것이라고 저자는 확신하고 있습니다.

이 책은 교회교육의 문제를 추상적으로 논하고 있는 이론서가 아닙니다. 이런 추상적인 이론서들은 우리가 주변에서 쉽게 접하고 구할 수 있는 책들입니다. 그러나 이런 부류의 책들은 아쉽게도 우리가 정말 답답해하는 문제들을 속 시원하게 풀어주지 못하며, 따라서 교회교육의 실질적인 변혁에 그렇게 유용한 도움을 주지 못합니다.

그러나 이 책은 20년 이상을 선교단체에서 청소년들의 양육사역에 전문적으로 헌신해 온 저자가 자신의 실제적인 양육경험과 노하우를 교회교육의 현장에 적용시켜보려는 시도와 그 결과인 동시에 교회교육의 지침서와 같은 책이기 때문에, 교육에 종사하는 모든 사람들에게 실질적인 도움을 줄 수 있다고 확신합니다.

이런 관점에서 나는 목회자, 교사, 학부모, 그리고 청소년 선교단체의 사역자들을 비롯하여 교육에 종사하는 모든 사람들이 이 책을 일독해 볼 것을 강하게 권하고 싶습니다. 이 책은 특히 무너져가고 있는 우리의 공교육을 안타까운 마음으로 바라보면서 교회교육이 그 대안이 되어야 할 필요성을 인식하고 있는 사람들의 필독서라고 생각합니다. 또한 저자의 소망과 같이 교육적 체계를 확립하지 못하고 아직도 사람에게 의존하고 있는 교회와 교육시설과 기자재 등 교육적 환경이 그렇게 우호적이지 못한 교회의 교역자들과 교사들에게는 교회교육의 본질을 회복하고 갱신하고자하는 노력에 아주 유용한 도움을 주는 실질적인 지침서가 될 것으로 확신합니다.

한국 교회교육의 새 길을 열어 줄 책!

박은조 목사(분당샘물교회 담임목사)

이 책이 남다른 점이 있다면 한국교회의 여러 가지 문제에 대하여, 분명한 대안을 제시하고 있다는 것입니다. 교육의 체계가 잡히면 교육의 방향이 보이고, 방향이 설정되면 현장의 교사들이 무엇을 어떻게 가르쳐야 할지를 알게 됩니다. 그런 점에서 저자는 이 책을 통해서 교회교육의 체계를 제시함으로써 교육의 방향을 제시하고, 교사들의 현장에서의 고민을 함께 해결해주고자 노력하고 있습니다. 특히 교사들이 무엇을 어떻게 가르쳐야 할지에 대해 구체적인 지침과 노력해야 할 점들을 함께 제시하고 있기 때문에, 활발하고 의욕적인 교회교육의 분위기를 만드는 데 많은 도움을 줄 것입니다.

교회 부흥을 위해 교회교육이 감당해야 할 부분을 정확하게 제시하고 있는 이 책을 통해서 한국교회가 큰 유익을 얻을 수 있을 것을 기대하며, 교회교육을 고민하고 있는 모든 교역자, 교사 그리고 교육에 관심을 두고 있는 학부모 및 성도들에게 이 책을 적극 추천하는 바입니다.

전문성, 현장성, 대안성을 담은 교회교육의 길잡이!

오정호 목사(대전 새로남교회 담임목사)

저자와 저는 학원복음화협의회를 통한 동역으로 서로 복음 안에서 교제를 나누어왔습니다. 평소에 보여주시는 한국교회의 부흥에 대한 열정과 사역에 대한 사려깊음이 한번은 일을 저지르리라(?) 생각하고 있었습니다. 아니나 다를까 저자는 지역교회의 건강성을 추구하는 가운데 그 치열한 고민과 대안을 한국교회 앞에 이렇게 책으로 내어 놓게 되었습니다.

저는 다음과 같은 이유로 저자의 이 책을 적극 추천합니다. 첫째는 전문성입니다. 저자는 교회 안과 교회 밖의 상황을 꿰뚫어 아시는 통찰력을 가지고 있습니다. 이것은 분명히 한 지역교회의 교육과 양육시스템에 대한 분명한 분석과 종합은 물론, 교회 울타리를 넘어 사회현장 속에서의 성도의 역할, 특별히 교회교육을 경험한 젊은이들과 장년들이 어떤 삶의 모습을 가지고 있느냐에 대한 안목의 깊이를 뜻합니다. 박목사님께서는 오랫동안 교육의 현장, 훈련의 현장에 직접 동참하셨습니다. 그러한 그의 경험에서 우러나오는 이론들은 충분히 주목해볼 만한 가치가 있습니다.

둘째는 현장성입니다. 박목사님께서는 오랫동안 현장을 뛰신 분입니다. 현장성이란 의미는 탁상공론과는 다른, 적용과 실천의 현장을 이야기합니다. 책상머리에서만 익힌 것은 때로 현장에서 무용지물이 될 수 있습니다. 그러나 현장에서 얻어진 지식과 경험은 또 다른 현장에서도 그 능력을 충분히 발휘할 수 있습니다. 현장에서 뛰어본 사람은 또 다른 현장에서 뛰어본 사람의 흔적을 기쁨 가운데 찾아낼 수 있는 것입니다.

셋째는 대안성입니다. 많은 전문가를 자처하는 사람들이 분석과 비판에는 탁월한 능력을 발휘하지만, 막상 내놓아야 할 문제를 해결하는 대안에는 약할 수 있습니다. 그런데 저자의 책은 대안을 제시하는 치열함이 함께 배어 있습니다. 그리고 저자가 제시한 그 대안에는 한국교회의 미래를 안타깝게 고민하는 마음이 담보되어 있습니다.

저자는 제1부에서 한국교회의 현실을 진단한 후, 제3부에서는 새로운 교회교육의 대안을 구체적으로 제시하고 있습니다. 주일학교 교육현장에서 실제로 사용할 수 있는 원리를 제시하고 있습니다. 그리고 부록편의 교회교육자료 난에는 당장 교회교육현장에서 활용할 수 있는 여러 자료들을 보너스로 제공하고 있습니다.

위와 같은 이유로 넓게는 한국교회의 미래를 위하여, 좁게는 한 지역교회 주일학교의 내실을 다지기 위하여 박영수 목사님의 고뇌와 땀 그리고 한국교회의 미래에 대한 비전이 담겨 있는 본서를 기쁜 마음으로 한국교회 앞에 추천합니다.

서 문

20여년의 SFC사역을 통해 줄곧 마음에 두고 있던 일이 있었다. 그것은 SFC의 양육 노하우를 교회교육을 위한 프로그램으로 만들어 보는 일이었다. SFC가 교회와 깊은 관련을 가지고 있는 선교단체였다는 것이 하나의 요인이 될 수도 있겠지만, SFC를 통해 교회를 배우고 가르칠 수 있는 축복을 누려온 까닭에 교회를 향한 깊은 관심과 섬김의 기회가 자연스럽게 이런 고민으로 이어진 것 같다. 이는 학적인 연구라기보다 캠퍼스와 교회의 현장에서 끊임없이 이루어져왔던 양육과 훈련의 내용을 교회에서 교육적으로 사용할 수 있는 프로그램으로 만들어 교회에 유익이 되도록 해야 한다는 생각에서 나온 것이다. 물론 지금 괄목할 만한 성장을 이루었거나, 이루고 있는 교회의 제자훈련 프로그램이 선교단체의 것에서 비롯된 것이었기에 이 아이디어 자체는 전혀 새로운 것이 아니다. 하지만 교회교육의 측면에서 정리된 형태로 적용되고 있는 것이 보편화되어 있지 않다면, 이 작업은 나름대로 큰 의미가 있을 것이다.

재작년 연말, 나는 개인적인 동기로 이 일을 우선 간단한 소논문 형태로 정리해 보려던 중 여러 지인들과의 만남과 대화를 통하여 이것이 단순한 작업이 아님을 알게 되었다. 적어도 이 작업은 선교단체의 양육 노하우를 교회교육에 적용시키려는 시도에서 한 걸음 더 나아가 한국교회의 교육에 대한 지침서로 내놓아야 할, 반드시 필요한 작업임을 인식하게 되었다. 특히 이것은 SFC 제자인 한 목사와의 대화에서 비롯되었다. 나는 그와 우리나라 교육의 뼈아픈 현실에 대한 이야기를 나누었었다. 그 때, '무너진 교실', 정말 가슴 저미는 아픔이 아닐 수 없음을 공감하면서 다음과 같은 질문을 하게 되었다: "한국의 공교육이 무너지고 있다면 우리의 미래를 지고 갈 우리 아이들을 어떻게 가르칠 것인가?" 그리고 이 질문에 대하여 어느 칼럼에서 보았던 글이 생각났다. 그것은 "교회가 이들을 인본주의 교육에서 비롯된 잘못된 가치관에서, 그리고 세속적이고 악한 문화의 굴레에서 벗어나 참된 가치와 인성을 지닌 그리스도인으로 성장시킴으로써 그들로 하여금 훌륭한 지도자가 되게 해야 한다"는 내용이었다. 다시 말해서 한국교회가 한국사회의 대안이 되어야 한다는 것이었다.

사실 이 문제는 오래 동안 지적되어온 이야기다. 공교육이 사회적인 문제로 거론될 때마다 기독교사들은 나름대로 교육 현장에서 자신들의 역할을 논의했고, 교회의 지도자들 또한 교회의 역할에 대한 중요성을 말해왔다. 그렇다면 "한국교회는 과연 우리가 말하고 있는 그러한 미래의 지도자들을 올바로 세워가고 있는가?" 다시 말해서 "교회가 우리 아이들을 성경적인 가치관을 가진 이 시대의 진정한 리더십으로 정말 양육해 내고 있는가?"를 묻지 않을 수 없는 것이다. 이 후에 계속된 우리의 이야기는 교회교육의 안타까운 문제들을 쏟아내었고, 이야기가 마쳐갈 무렵 우리는 '한국교회는 교육적인 개혁이 필요하다'는 결론에 도달했다. 한국사회에 대한 교회교육의 필요성과 당위성은 있지만, 실제로 교회교육 현장의 상황들을 볼 때, 새로운 개혁이 절대적으로 필요한 상태라는 것에 공감하지 않을 수 없었다. 이 후 계속된 다른 만남에서도 대부분 이에 대한 공통적인 의견을 들을 수 있었다.

나는 이 문제에 동일한 책임을 지고 있는 한국교회의 한 목사로서, 그리고 20여년간 선교단체에서 많은 청소년과 청년대학생들을 양육해왔던 사역자로서 이 문제에 대한 구체적인 해결안을 제시해보고자 한다.

돌아보건대 6년 전부터 나로 하여금 SFC 사역 가운데 하나님께서 이에 대한 구체적인 준비를 하게 하셨음을 확신한다. 안식년을 마치고 돌아오는 비행기에서 한 감리교 목사를 만나 교회교육에 대한 의견을 교환하였는데, 그것이 계기가 되어 3일간 교사들을 위한 집회를 하게 되었고, 그 후 계속된 세미나의 주제가 대부분 이에 대한 것이었다. 더 확신할 수 있었던 일은 부산지역 대표로 부임한 지난 3년 동안 고신대학교의 요청으로 선교단체의 노하우를 학생들에게 가르치게 된 것이다. 그때의 강의 내용이 바로 선교단체의 양육 노하우를 교회에 적용하는 것이었다. 첫 학기는 단순하게 이런 저런 선교단체의 양육과 훈련에 대한 내용을 가르치다가, 두 번째 학기부터는 '한 사람이 교회에 전도되어 왔을 때 그를 어떻게 양육할 것인가'를 주 내용으로 가르쳤다. 교회교육의 일선에서 봉사하고 있는 학생들이라 SFC의 양육 노하우를 가르쳐주면, 그들의 사역에 유익이 될 수 있으리라 여겼기 때문이다. 부족함이 많았지만, 열심히 강의에 참여한 학생들로부터 매우 큰 유익이 되었다는 긍정적인 반응을 얻기도 했다. 아무튼 이 책은 갑작스러운 계기로 소위 'FEEL'을 받아서 쓰게 된 것이 아니라, 부족한 사람이지만 하나님께서 인도해주신 과정 속에서 때가 되매 한국교회의 교육을 위해 기여할 수 있는 글을 쓰게 하셨다고 감히 말하고 싶다.

본서는 완성된 교회교육의 지침은 아니지만, 한국교회의 교육이 어떻게 가야하는 지에 대한 밑그림은 충분히 제시하고 있다. 물론 한국교회에는 좋은 교육 시스템과 인적 자원을 가지고 훌륭한 교육을 하고 있는 교회가 있음을 부인하지 않는다. 그러나 내가 알고 있는 범위에서 대부분의 교회, 즉 교육적 여건이 좋지 않은 중소교회는 물론 심지어 대형교회로서 외부적으로 좋은 교육적 환경을 가졌다고 알려진 교회들조차 적지 않는 숫자가 거의 동일한 문제점을 가지고 있음을 알게 되었다. 따라서 다음과 같은 몇 가지 측면에서 한국교회의 교육적 상황을 진단하고, 나아가 이를 어떻게 해결해야 할지에 대해 다루려고 한다.

한국교회의 어려운 교육적 현실 가운데 지적할 수 있는 가장 큰 문제는 교육체계보다 사람에게 의존된 교육이 이루어지고 있다는 것이다. 교회마다 교육을 책임지고 있는 교역자 또는 교사들이 교육적인 체계보다는 개인적인 역량에 의존된 교육을 하고 있는 것이 현실이다. 이는 교육 책임자들이 교회교육에 대한 체계적인 지식이나 역량 면에서 준비되기보다는 책임을 맡으면서 비로소 관심을 가지게 되는 경우가 태반인데다가, 그것도 길지 않은 기간으로 1-2년 또는 길어야 한 두 해 더 맡고 있다가 책임자가 바뀌면 그 마저도 방침이 바뀌게 되는 어려움이 있기 때문이다. 그러다보니 교육을 위해서 교회가 할 수 있는 일이라곤 단지 잘 한다고 하는 소위 지명도가 있는 교육담당 교역자를 영입하는 것뿐이다. 그래서 열심 있고 역량 있는 교역자를 통해 한 탕 부흥을 일으키면 성장하는 것이고, 그렇지 못하면 책임을 물어 이동을 시키는 소위 기업경영과 같은 교육의 현장을 보게 된다. 아이들을 직접 양육하는 교사들 또한 연간 1-2회의 턱없이 부족한 교육/훈련의 기회를 가지고 쥐어준 공과에 의존된 교육을 하고 있을 뿐이다.

한국교회 교육에 있어 또 하나의 심각한 문제는 성경공부교재 즉, 공과의 문제이다. 공과의 선택은 교회학교의 전체적인 체계 속에서보다는 해당 기관 교육책임자의 판단에 따라 각 기관의 연계성이 전혀 고려되지 않은 채 이루어지고 있다. 또한 많은 교회가 교단에서 출간된 공과를 신뢰하여 선택한다. 그런데 여기서 이 선택에 대한 잣대가 되어야 할 한 가지 질문을 던져보자: "그 공과를 사용하면 우리가 양육하는 아이들을 우리가 목표하는 하나님 나라의 사람들로 성장시킬 수 있는가?" 이 질문은, 어떤 아이들로 성장시키고자 하는지에 대한 교육의 목표가 구체적으로 설정되지 않았다면 더 말할 것도 없지만, 그 목표에 따른 양육의 내용을 담고 있는 공과를 올바로 선택하였는가를 반드시 살펴보아야 한다는 것이다. 미력한 작업이나마 내가 살펴본 여러 공과들은 그 내용들로 양육했을 때 어떤 교육 또는 양육의 목표를 이룰 수 있는가를 알기 어려웠을 뿐만 아니라, 성경을 가르친다는 면에서 볼 때, 비록 교재의 편집과 모양은 좋을지 몰라도, 성경을 깊이 있게 연구하지 못함으로 성경의 진리를 정확하게 가르칠 수 없는 것이 많았다. 구체적으로 지적하자면, 어떤 공과는 이것을 가르칠 때 도대체 어떤 아이들로 양육할 수 있는지 그 교육적 목표를 가늠하기 어려웠고, 또 어떤 것은 상당수의 내용이 제시된 성경 본문과 맞지 않는 주제를 다루고 있는가 하면, 예화와 적용에 있어 주제와 어울리지 않는 내용이 제시되고 있었다. 그런데 이보다 더 안타까운 사실은 교회들이 이러한 특성을 고려하여 공과를 선택하는데 있어 적지 않은 한계를 가지고 있다는 것이다.

앞에서 제시한 것들과 같은 교육환경 속에서는 한국교회가 한국사회에 필요한 성경적 가치관과 리더십을 가진 사람들을 양육해내기 어렵다는 것을 누구도 부인하지 못할 것이다. 따라서 본서에서는 이러한 한국교회에 교회교육을 위한 중요한 지침들을 제시하고자 한다. 물론 전혀 새로운 것은 아니다. 다만 교회교육의 개혁을 염두에 두고 우선적인 것이 무엇이어야 하는지를 말하고자 한다.

본서에서 제시하고자 하는 지침은 크게 두 가지이다. 첫째는 교회교육이 개인에게 초점 맞춰진 교육이 되도록 해야 한다는 것이다. 이는 소그룹 원리가 적용되는 부분이라 할 수 있다. 교육기관 전체를 대상으로 하지만 실제로는 소그룹 단위의 분반활동을 통해 양육을 하고 있다는 점에서 한 반을 맡은 교사는 아이들 개개인에게 목표를 두고 그들을 양육할 수 있을 것이다.

둘째는 그 개인을 위한 양육의 목표와 로드맵을 가진 교육체계가 있어야 한다는 것이다. 이는 선교단체의 양육체계가 바탕이 되는데, 즉 교사로 하여금 양육의 대상자 개인에게 초점 맞추고 그를 어떤 목표를 향해 어떤 과정으로 양육해 가야 하는 지를 알게 하는데 목적이 있는 것이다. 성장의 목표를 설정하고 일련의 과정에 따라 양육함으로써 대상자 개인이 매년(또는 일정 기간마다) 연계성을 가진 교육을 할 수 있고, 유사한 수준의 대상자 그룹이라면 학년별 그리고 교육기관별(유치부, 유년부, 초등부, 중등부, 고등부 등)로 체계적인 연속교육을 할 수 있도록 하는 것이다. 이를 통하여 교육을 담당하는 교역자나 교사가 체계가 잡힌 양육의 큰 그림 안에서 집중 있게 교육할 수 있는 것이다.

아울러 본서는 예배와 양육을 교육적인 측면에서 다루는 한편, 비전교육을 예배 및 양육과 더불어 교회교육에 있어 중요한 3개의 축으로 제시하고 있다. 뿐만 아니라 가장 중요한 문제이자 교육체계를 유지하는데 있어 핵심적인 교사교육과 자율적인 소그룹운영에 대해서도 말하고 있다. 단, 이 책은 선교단체에서 양육을 통해 믿음을 성장시켜온 사역자로서 양육과 교회교육을 접목시켜 교회교육을 정리하는 과정에서 다소 주관적인 견해가 있음을 먼저 말해둔다.

이 책을 내면서 내가 한국교회 안에 이루어지기를 바라는 두 가지의 소망이 있다. 첫째는 아직 체계가 세워지지 않은 교회들에 교육적 체계가 세워지기를 바라는 것이다. 혹 나의 한계를 인정하는바 보완되어야 할 부분들은 교회현장의 사역자들의 몫으로 남겨두고 싶다. 둘째, 교육적 환경이 좋지 못한 교회 즉, 교사도 부족하고 그나마 세워진 교사들이 아이들을 위해 무엇을 어떻게 해야 할지 모르겠다는 어려움을 호소하는 교회에 이 책이 기회와 소망을 줄 수 있기를 바라는 것이다. 한 사람에게 교육의 초점이 맞춰진 교육이라면 수적인 것은 어려움이라기보다 오히려 기회가 될 수 있다. 바라건대 이런 면들로 이 책이 한국교회에 교육을 위한 조그만 소망이 되기를 바랄 뿐이다.

이 책이 나오기까지 부족한 사람의 삶을 전적으로 책임지고 이끌어 주신 주님께 영광과 찬양을 올려드린다. 그리고 책 쓰는 일에 집중할 수 있도록 많은 관심과 기도와 재정적 도움을 준 나의 사랑하는 면류관인 SFC와 교회의 여러 제자들이 너무나 자랑스럽다. 또한 이 책을 끝까지 쓸 수 있도록 여러 가지로 격려하고 성원을 보내 준 여러 동역자들과 목사님들, 성도님들께 감사하며, 가르치시는 일과 목회 가운데 바쁘신 중에도 미리 책을 읽어주고 충고와 조언을 아끼지 않으신 조성국 교수님, 이병수 교수님, 허세은 목사님, 김인호 목사님 그리고 사랑하는 제자요 동역자인 최종혁 목사님에게 깊은 고마움의 인사를 드린다. 이 책을 SFC 출판물로 결정하고 모든 지원을 베풀어준 송재홍 대표간사님과 책 만드는 데 큰 수고를 해 준 이의현 간사님을 비롯한 출판부 간사님들에게도 감사의 뜻을 전하고 싶다. 끝으로 누구보다 헌신적인 수고가 필요한 병약한 부모님을 모시고 아이들을 믿음으로 양육하며 가정을 지켜 준, 그리고 20년 SFC 사역이 있게 한 가장 큰 원동력이며, 나의 가장 위대한 동역자인, 사랑하는 아내와 가족들에게 내가 할 수 있는 모든 감사를 하면서 이 책을 아내를 위해 바친다.

2010년 2월

부산 해운대에서

제 1 부

한국교회가 한국사회를 살릴 수 있는가?

1. 무너진 공교육과 사회적 문제
2. 교회교육이 그 대안인가?
3. 교회교육의 현주소와 그 대책

1. 무너진 공교육과 사회적 문제

> 현재 공교육은 사교육의 도움 없이는 현 교육과정을 진행할 수 없을 만큼 의존적인 형태로 굳어져 가고 있다. 이와 더불어 또 하나의 간과할 수 없는 문제가 있는데, 그것은 곧 경제적 계층이 교육적 계층으로 고착되는 교육의 양극화 현상이다.

이미 매스컴과 여러 통신매체를 통해 '무너진 교실'에 대한 많은 이야기가 쏟아져 나왔다. 우선 청소년들의 사회적 문제가 전인교육을 부르짖던 교육현장에서 끊임없이 발생되어 이제는 교사와 학교당국에서도 손을 쓰지 못한 채 방치되고 있고, 무엇보다 공교육이 사교육의 도움 없이는 현 교육과정을 진행할 수 없을 만큼 의존적인 형태로 굳어져 가고 있다는 면에서 심각한 문제의식을 가지지 않을 수 없다. 또 하나의 간과할 수 없는 문제는 경제적 계층이 교육적 계층으로 고착되는 교육의 양극화 현상이다. 다시 말하면 경제적으로 부유한 사람들이 그렇지 못한 사람들보다 엄청난 사교육의 혜택을 통해 교육의 과정에서부터 사회적 기반을 확보한 채 경쟁의 우위를 차지하고, 이것이 곧 사회적 계층으로 고착되고 있는 것이다. 결과적으로 공교육으로 말미암아 돈이 없으면 교육에서도 소외되는 사회적 현상을 만들어 내고 있는 데까지 이르렀음을 부인할 수 없게 되었다.

물론 그럼에도 교육의 현장에서 묵묵히 최선을 다해 아이들을 지도하면서 공교육의 자리를 지켜가려고 노력하는 교사들이 있음을 분명히 알고 있다. 이들로 인해 그래도 교육에 대한 희망을 포기하지 않고는 있지만, 실질적인 문제는 현재의 교육과정을 통해 사회적 성공을 이루고자하는 부모와 자녀들에게 있어 사교육이 거의 필수적인 요소로 작용하고 있다는 사실이다. 진학과 취업이라는 관문을 공교육에만 의존해서는 성공적으로 통과하기가 쉽지 않기 때문이다. 결국 공교육은 제 역할을 다하지 못하고 있다는 평가를 피할 수 없게 되었고, 심지어 공교육이 무너졌다고까지 말하게 되는 상황에 이르게 되었다.

아이들을 양육하는 부모의 입장에서 그 심각성과 이로 인한 상처를 가진 이들이 적지 않다. 일례를 들어보자. 중학교 시절 반에서 상위권에 들며 공부하던 아이가 있었다. 그 아이가 반에서 2등이라는 성적을 거두자, 아빠는 칭찬과 격려를 하려고 "다음에는 1등도 할 수 있을 거야. 열심히 해보자"라고 말했다. 그 때 아이는 다소 충격적인 이야기를 하는 것이었다: “아빠, 나는 1등은 하기 어려울 것 같아요.” 이유인 즉, 아이의 반에서 1등하는 친구는 과외공부와 학원수업으로 중학교 2학년이지만, 이미 고등학교 과정의 공부를 하고 있기 때문이라는 것이다. 그래도 기를 살려 공부에 대한 의지를 꺾지 않기 위해 “하지만 중학교에서는 중학교 수준에서 시험이 나오니까 너도 열심히 하면 1등 할 수 있어”라고 말해 주었다. 그 후 그 아빠는 담임선생님과 진학을 위한 면담을 했다. 결론은 단순했다: “원하는 좋은 고등학교에 가기 위해서는 아이가 과외를 하거나, 학원에 가야 합니다. 그래야 …” 이후 계속된 아이의 학업 여정은 정말 멀고도 험했다. 진학을 위해 외국의 우수한 대학에 가장 많은 학생들을 입학시킨 우리나라 최고라고 자부하는 자립형 사립고등학교에 가기를 꿈꾸었지만, 도무지 감당하기 힘든 엄청난 학비가 부담이 되어 포기했고, 결국 외국어고등학교에 시험을 치기로 했다. 열심히 준비했지만, 입시를 치른 결과는 낙방이었다. 실패의 가장 큰 이유는 입시문제의 약 30%가 고등학교 수준의 문제였기 때문이었다. 결과적으로 과외공부나 학원수업을 통해 선행학습을 하지 않으면, 우수한 고등학교에 진학하는 것이 거의 불가능한 일임을 현실적으로 경험하게 된 것이었다. 이렇듯 사교육이 없이는 공교육이 자신의 역할을 할 수 없을 만큼 제도적인 모순을 보이고 있는 현실을 두고 공교육이 무너졌다고 말하는 것이다.

여기에 입시위주의 교육방침 또한 공교육의 문제를 가중시키고 있다. 공교육은 단순한 지식 전달의 수단이 아님을 우리는 잘 알고 있다. 그러나 지금 공교육의 현장은 우리 아이들에게 진학을 위한 지식의 전달을 목표로 모든 수단을 동원하고 있다고 해도 과언이 아니다. 물론 지식전달이 잘못된 목표는 아니지만, 학교교육의 전반적인 것들이 입시에 집중되어 있는 것에는 문제가 있다. 결국 이로 인해 학교는 입시가 아닌 일은 뒷전으로 민 채, 공교육의 참의미를 보여주지 못하고 있는 형편이다.

이 때문에 가장 큰 피해를 보게 된 것은 인성교육이다. 실제로 입시위주의 교육에는 진학과 함께 우리 아이들의 인성을 개발하고 다듬어갈 전인교육이 들어설 자리가 없다. 왜냐하면 학교의 위상과 명예가 입시성적에 달려있고, 부모들의 바람 또한 자녀들의 입시를 위해 목을 매었다고 해도 결코 지나친 말이 아니기 때문이다. 입시에 강조점을 두었다는 것은 결과를 중시하는 성공주의가 저변에 깔려있는 것이고, 그래서 결국 교육의 성공과 실패를 입시의 성패로 가늠하게 되는 것이다. 그러므로 공교육이 입시에 어떤 성적을 내는가에 매달려 있는 한 공교육을 통한 우리 자녀들의 인성교육은 포기될 수 밖에 없다.

오늘날 '무너진 교실' 이 사회문제로 대두되고 있는 것은 바로 이러한 이유 때문이다. 입시라는 명분하에서 인성교육이 수행되지 않고 있음에 따라 경쟁 이데올로기에서 소외된 아이들이 판단력을 잃은 채, 해서는 안 될 기성세대들의 모습과 행동을 모방한 사회적 문제를 일으키고 있는 것이다. 더욱이 파괴적이고 선정적인 문화가 거름 없이 아이들에게 노출되어 쾌락과 욕정을 채우기 위한 무분별한 행위들이 난무하고 심지어 인륜에 어긋난 일들까지도 서슴치 않는 일들이 매스컴을 통해 보도되고 있는 실정이다. 이것이 단순한 사회문제일까? 공교육이 인성교육을 포기하고 입시위주로 내닫는 이상 이러한 공교육의 실패현상은 결코 해결될 수 없을 것이다.

2. 교회교육이 그 대안인가?

> 교회가 학생들을 가르친다는 것은 단순히 교회당이라는 장소적인 개념이 아닌 창조주 하나님의 창조목적과 관련된 인간의 본질을 다루는 문제임을 반드시 염두에 두어야 한다. 따라서 교회교육의 핵심은 하나님을 알아가면서 하나님과의 관계를 통해 삶이 변화되는 것, 그리고 외적인 의미보다 하나님의 창조 목적에 따른 내적인 가치를 가르치는 것이다

교회교육의 목적은 먼저 학생들의 영혼을 하나님의 말씀으로 구원하며, 주님이 쓰시기에 합당한 자로 양육하고, 우리가 가지고 있는 순전한 복음이 변질되지 않고 후대에까지 전해질 수 있도록 올바르게 가르치는 일이다. 이는 하나님께서 교회를 세우신 목적과 다르지 않다. 즉, 하나님께서 당신이 친히 세우신 교회를 통하여 무엇을 하시길 원하시는가와 밀접한 관계가 있는 것이다. 그래서 우리는 교회교육을 말하기 전에 먼저 "교회란 무엇인가?"에 대하여 생각해야 한다.

교회는 하나님께서 동일한 사명을 위하여 예수 그리스도의 피 값으로 사셔서 은혜로 부르신 자들의 모임이다. 하나님의 택하신 자들을 때가 되매 구원하여 하나님 나라를 위한 건설자로 세워가는 것이다. 다시 말하면, 하나님께서 택하시고 부르신 자들을 통해 하나님의 구원과 하나님 나라의 영광스러운 역사를 볼 수 있는 곳이 교회이다. 결국 교회가 학생들을 가르친다는 것은 단순히 교회당이라는 장소적인 개념이 아닌 창조주 하나님의 창조목적과 관련된 인간의 본질을 다루는 문제임을 반드시 염두에 두어야 한다.

공교육이 추구하는 것은 교육을 통한 사람의 변화이다. 교육을 통하여 인식과 사고가 변하고 이로 인하여 개인과 사회가 더욱 풍성한 삶의 질을 향하여 나아가게 하는 것이 교육의 역할이라고 말할 수 있다. 더 나아가 교육은 '百年大計'라 할 만큼 한 나라의 미래를 결정하는 매우 중요한 일임에 틀림없다. 때문에 공교육이 무너져 버렸다고 말할 때조차도 이런 교육적인 기대 자체가 사라진 것을 의미하지는 않는다. 그것은 단지 교육이 추구하는 목적과 다른 결과가 나타나고 있음을 말하는 것 뿐이다. 이를테면 입시위주의 교육적 환경을 통해 원하는 대학에 진학하고, 그 후에 원하는 직업을 가지게 되는 과정에는, 비록 개인적인 기대를 충족함으로써 나름대로의 풍성한 삶을 누릴 수 있을지는 몰라도, 공동체적인 풍요로움과 인간적으로 서로 신뢰하고 살기 좋은 사회와 국가에 대한 기대까지 가지기는 어렵다는 것이다. 따라서 공교육이 무너졌다는 의미는 교육의 결과가 개인적인 유익에 치우쳐 공동체적인 유익을 포기하고 모든 것을 개인적인 능력에 의존하는 사회와 국가가 되었다는 것이다.

공교육에 대한 사회적 문제가 대두되기 시작하면서 한국교회는 이 문제에 대하여 교회교육이 그에 대한 책임을 져야 한다고 말을 해왔고 또 그렇게 되어야 한다는 당위성을 가지고 있었다. 서문에서 언급한 신문의 칼럼처럼, "교회가 이들을 인본주의 교육에서 비롯된 잘못된 가치관에서, 그리고 세속적이고 악한 문화의 굴레에서 벗어나 참된 가치와 인성을 지닌 그리스도인으로 성장시켜야 한다"는 소위 '교회교육 대안론' 을 부르짖었던 것이다.

교회교육이란 일반적으로 교회 안에서 이루어지는 기독교교육을 일컫는 말로써 하나님의 말씀을 가르침으로 학습자가 하나님을 알아가는 일련의 과정이다. 교회교육의 핵심은 하나님을 알아가면서 하나님과의 관계를 통해 삶이 변화되는 것에 있는데, 이는 하나님을 알지 못했던 자연인이 하나님을 만나고 알아가는 과정 속에서 근본적인 변화가 일어나는 것을 말한다. 이 변화는 실제로 단순한 신앙적 변화만을 뜻하기보다는 사람의 생각과 행동의 변화를 통해 삶 자체가 바뀌어 지는 것을 의미한다. 적어도 개인의 욕망을 채우기 위한 삶이 아닌 하나님이 요구하시는 인간의 삶을 추구하는 변화가 일어난다는 것이다. 그 가운데에는 자신의 존재에 대한 인식은 물론 하나님이 지으신 피조세계에 대한 이해와 관계가 중요하게 자리하고 있다. 따라서 '교회교육 대안론' 은 무너진 공교육에서는 기대할 수 없는 교육적 또는 사회적 기대를 충분히 가지고 있음이 분명하다.

여기에 더하여 교회교육에 대한 또 하나의 중요한 기대는 '가치관' 에 대한 변화이다. 이는 자기 자신에 대한 존재적 가치와 함께 세상의 가치에 대한 판단을 말하는 것인데, 이러한 가치관의 변화는 '삶의 목표' 를 가지는 데 큰 영향을 미친다. 교회교육은 세상이 부여한 가치 속에 머물러 인생을 판단하는 것이 아니라 하나님께서 주신 가치를 발견하고 그 속에서 인생의 목표를 발견하도록 하는데 중요한 역할을 한다. 세상의 교육이 보이는 현상의 외형만을 가르친다면, 교회의 교육은 그 현상의 의미를 가르치는 것이다. 따라서 교회교육은 외적인 의미보다 하나님의 창조 목적에 따른 내적인 가치를 가르친다고 말할 수 있다.

이런 의미에서 교회교육은 공교육에서 포기한 인성교육은 물론, 그보다 더 근본적인 세상과 자신의 가치를 분명히 인식시키는 너무나 중요한 교육적 의미를 가진다. 그러므로 교회교육은 무너진 공교육의 대안이라는 측면을 넘어 그 자체로 중요성과 당위성을 가지고 있다.

3. 교회교육의 현주소와 그 대책

> 각 교육기관은 서로 연계성을 가지고 학생들의 양육을 감당해야 한다. 즉, 각 기관에 소속된 학생들은 서로 다른 교육의 목표를 가지고 있음으로 연차적으로 진행되는 과정에 맞추어 교육의 목표가 정해지고 이를 각 기관이 연계해서 점차 성취해 나가야 한다.

지금까지 교회교육이 무너진 공교육의 대안이라고 말할 수 있는 이유들을 살펴보았다. 이제 이 시점에서 우리는 교회교육에 대한 중요한 질문을 던져 보아야 한다. 즉, "한국교회가 이러한 공교육의 대안으로서 교회교육을 잘 감당하고 있는가?"하는 것이다. 다시 말해서 한국교회는 과연 충실한 교회교육을 통해 사회와 국가에 영향력을 미칠 수 있는 미래의 지도자들을 잘 세워가고 있으며, 교회가 우리 아이들을 성경적인 가치관을 가진 이 시대의 진정한 리더십으로 잘 양육하고 있는가를 묻지 않을 수 없다. 왜냐하면 교회교육이 진정한 대안이라면 사회와 국가가 한국교회에 대하여 우리가 가진 책임과 노력을 수긍하며 그 사실을 인정해 줄 수 있어야 하고, 교회 스스로도 우리의 교육적 노력이 우리가 바라는 목표를 이룰 수 있는지 확신할 수 있어야 하기 때문이다. 하지만 실제로 우리의 현실을 볼 때, 한국교회의 교회교육은 매우 실망스럽다. 나는 이 일로 교회교육에 관심을 가진 여러 교회의 지도자들과 성도들과의 대화를 통해 심각한 수준으로 판단되는 우리의 현실을 발견하고 함께 공감할 수 있었다.

(1) 비전문교역자에게 의존된 교육

한국교회의 어려운 교육적 현실 가운데 가장 큰 문제는 교육시스템보다 사람에게 의존된 교육이 이루어지고 있다는 것이다. 더 걱정스러운 일은 교육을 책임진 많은 사람들이 교회교육에 대한 전문적인 준비과정이 충분치 않거나, 이를 위한 교육 내지는 훈련을 받기 어려운 상황이라는 사실이다. 신학교육을 받은 교역자들이 그나마 교회교육을 책임지고 있지만, 신학대학원에서조차 실천신학 분야에 교회교육을 위한 강의나 학과가 턱없이 부족한 형편임은 안타까운 일이 아닐 수 없다. 그러니까 대부분의 교회에서 교육을 책임지고 있는 교역자 또는 교사들이 교육적인 체계 없이 개인적인 역량만으로 교육에 대한 책임을 지고 있다는 것이다. 그것도 길지 않은 기간으로 1-2년, 길어야 한 두 해 더 맡고 있다가 책임자가 바뀔 때마다 그 마저도 방침이 바뀌는 어려움을 가지게 된다. 그러다보니 교육에 관심을 가진 교회가 교육을 위해서 할 수 있는 일은 주일학교나 중고등부에 잘 한다고 하는 사역자를 영입하는 것이다. 그래서 열심 있고 역량 있는 교역자가 한 탕 부흥을 일으키면 성장하고, 그렇지 못하면 책임을 물어 이동시키는 소위 기업경영과 같은 교육 현장을 보게 된다. 그러나 그것도 규모가 있는 교회에서 전문적인 사역자를 대우할 수 있을 때 가능한 일이다. 그렇지 못한 중소교회에서는 하나님께서 좋은 사역자를 보내주시기 기대하며 기도할 뿐이다.

(2) 기준이 없는 교재(공과)의 사용

한국교회의 교회교육을 어렵게 만든 또 하나의 심각한 문제는 성경공부교재 즉, 공과의 문제이다. 우선 교재를 선택함에 있어 어떤 체계에 의해서라기보다는 교육책임자의 주관적 판단에 따라 이루어지기가 일쑤다. 아울러 많은 교회들이 단순히 교단에서 출간된 공과를 선택하곤 한다. 교단공과는 신학적 입장은 물론 특별한 검증 과정이 없이도 신뢰하며 선택하는 경우가 많다. 다시 말하면 많은 교회가 어떤 교육적인 기준에 따라 교재를 선택하는 것이 아니라는 것이다. 이는 교육 담당자들에게 심각한 문제가 있거나, 교단공과가 잘못되었다는 말을 하려는 것이 결코 아니다. 어떤 교재가 좋고 나쁘고를 따지는 것은 나중 문제이다. 중요한 것은 어떤 목표를 가진 교재를 선택했느냐이다. 우리가 사용할 교재가 어떤 아이들로 양육할 것인가에 대한 목표와 기준이 없이 선택되고 있다는 것을 말하고 있는 것이다.

아울러 목표와 기준을 가졌다하더라도 이를 이루기 위한 교재를 선택하기가 쉽지 않다. 미력한 작업이었지만, 내가 살펴본 공과들은 대부분 그 내용들로 양육했을 때 어떤 목표를 가질 수 있는지 가늠하기 힘들었고, 성경을 가르치는 교재로서 성경을 깊이 있게 연구하지 못한 흔적을 가진 교재 또한 적지 않았다. 결국 교회들은 목표를 이루기 위한 적합한 교재를 찾지 못해서 직접교재를 만들어 사용하기도 하고, 그러다 보니 적지 않은 시간을 투자하게 되어 2중, 3중의 수고를 해야 하는 경우가 발생한다. 그러나 이것 역시 신학적 또는 교육적인 소양을 잘 갖춘 사역자가 특별한 열심을 가지고 있을 때 가능한 일이지 그런 사역자가 없는 교회는 생각도 하지 못하는 일이다. 단지 목표보다는 구하기 쉽거나 가르치기 편한 교재를 선택하게 된다.

더 안타까운 것은 교회들이 홍수처럼 쏟아져 나오는 많은 교재들을 아무런 검증도 없이 선택해서 사용하고 있다는 것이다. 그 중에는 적지 않는 교재들이 제시된 주제와 맞지 않는 성경본문이 쓰여 졌거나, 예화와 적용이 주제와 전혀 다른 방향으로 사용되었는가 하면, 성경의 중요한 주제들을 연역적으로 가르치는 교재에 올바른 신앙고백이 아닌 잘못된 교리가 제시된 것 등의 문제를 가지고 있다.

(3) 연계성에 문제가 있는 교육체계

한국교회의 교육체계에 있어 가장 큰 문제점은 한 교회 안에서 각 교육기관마다 연계성을 가진 교육이 이루어지지 않고 있다는 점이다. 구체적으로 지적해 보면, 교회는 어느 정도 규모를 갖추게 되면 유치부–유년부–초등부–중등부–고등부–대학부 등으로 이어지는 일련의 교육기관을 구성하게 된다. 다시 말하면, 교회에 소속된 아이들이 각 교육기관을 거치면서 연차적으로 진행되는 양육과정 즉, 교과과정을 배우게 된다는 것이다. 따라서 각 기관은 서로의 연계성을 가지고 아이들의 양육을 감당해야 한다. 교회가 이러한 교육적 연계성을 가져야 할 이유는 일반적으로 나이별로 각 기관에 소속된 아이들이 서로 다른 교육의 목표를 가지고 있음으로 연차적으로 진행되는 과정에 맞추어 교육의 목표가 정해지고, 이를 각 기관이 연계해서 점차 성취해 나가야 하기 때문이다. 예컨대 유초등부와 중고등부의 양육 목표는 대학부의 목표와는 분명히 다르다. 대학부의 지적, 정신적 수준에서 가질 수 있는 영적인 성장목표는 유초등부나 중고등부의 아이들에 비해 성숙된 것이라고 말할 수 있다. 그리고 그 성숙함이란 일반적으로 각 과정을 거치면서 점차 이루어가야 하는 것이므로 연차적인 성장목표를 세우고 성취해 나가야 한다. 바로 이런 부분에서 연계성의 문제를 지적하는 것이다.

또한 각 기관마다 해를 넘기면서 반이 새로 구성되거나 담당교사가 바뀌게 되는데, 사실 교사들 간에 양육했던 아이들에 대해 어떠한 인수인계도 이루어지고 있지 않다. 단지 명단을 넘기고 받는 수준이 대부분이다. 한 해 동안의 양육의 목표가 어떻게 성취되었고, 다음 한 해를 어떻게 양육하면 좋을지 그 양육과정과 내용에 대한 인수인계가 실제로 이루어지지 않는다면, 이것 역시 연계성이 없는 교육의 단면으로 지적될 수 있다.

교육적 여건이 좋다고 하는 많은 대형교회를 포함해 내가 알고 있는 교회에서도 이러한 연계성을 가지고 교육을 하는 교회는 그리 많지 않다. 조심스럽지만 교단에서 나오는 교단공과를 보더라도 나름대로 체계적인 교과과정을 가지고 있음에도 각 학년 또는 기관별 대상에 따른 목표와 연계성에 있어서는 문제를 지적하지 않을 수 없다.

(4) 그 밖의 문제들

우리나라의 공교육은 주입식 교육 방식을 유지하고 있다. 교사 당 학생 수가 선진국에 비해 높은 우리나라의 교육 여건상 현재의 교육 방식에 변화를 가져오기는 힘들다. 개선을 위해서는 교사와 시설확충 등이 이루어져야 하는데 그것이 만만치 않은 일이기 때문이다. 이러한 문제는 교회교육에서도 고스란히 이어지고 있다. 또한 정해진 시간 안에 이해력이 다른 많은 학생들을 가르치려하면 주입식 교육 방식을 취할 수밖에 없다. 결국 이는 아이들에게 필요한 수준과 원하는 만큼의 교육을 할 수가 없는 결과를 초래한다. 하지만 교회교육의 목적은 단순히 지식을 주입하는 것이 아닌 상호 관계를 통하여 아이들이 하나님을 알고, 만나게 하는 데 있다. 따라서 이 문제를 해결하지 않고는 교회교육을 통한 아이들의 변화를 기대하기란 결코 쉬운 일이 아니다.

무너진 공교육, 여기에 더 이상 우리의 아이들의 미래를 맡길 수 없다면, 교회가 대안, 아니 대안의 차원을 넘어 하나님나라와 진정한 미래의 한국 사회를 위해 우리 아이들을 책임져야 한다. 하지만 우리 교회 역시 이를 위해 새로운 노력을 하지 않으면 안 된다는 것을 통감해야 한다.

그렇다면 무엇이 필요할까? 제2부와 제3부에서 제시하는 교회교육을 위한 지침들은 우리 교회가 어떤 노력을 기울여야 하는지에 대한 아이디어를 제공할 것이다.

제 2 부

유대인의 자녀교육에서 얻은 아이디어

1. 성경의 진리를 우선적으로 가르치는 교육

2. 목표를 가지고 한 사람에게 집중하는 연계교육

3. 가르치는 사람이 준비된 교육

교육에 대한 이야기들이 많이 나올 때마다 우리는 거의 습관적으로 유대인의 교육을 말해왔다. 따라서 본서에서 유대인의 교육방법에 대하여 굳이 다시 언급하는 것 자체가 새로운 교육방법을 말하고자 하는 데 있어 진부한 발상일 수 있다고 생각하는 것도 무리는 아니다. 또한 교육학자들 간에서도 유대인의 교육이 과연 성공적이냐를 묻는 과정에서 후한 점수를 줄 필요가 없다고 말하는 학자들도 있다. 왜냐하면 유대인의 공동체 역시 세속화로 인하여 고민하고 있기 때문이다.

따라서 본서에서는 유대인들의 교육 전체를 소개하고 그대로 따라해야 한다는 말을 하려는 것이 아니다. 다만 적어도 그들은 하나님 말씀을 자녀들에게 가르치는 데에 있어서 오랜 세월 동안 성공적인 케이스로 보고되어왔던 것에 대하여 중요한 아이디어를 얻는 데 목적을 두고 있다.

1. 성경의 진리를 우선적으로 가르치는 교육

> 성경의 진리를 어떻게 정확하게 전달하고, 어떻게 그 진리의 말씀을 그들의 삶 속에서 순종의 모습으로 나타나게 할 것인가를 두고 반드시 점검되어야 할 점은 "지금 우리 교회가 아이들에게 어떻게 성경을 가르치고 있는가?"이다.

유대인 부모는 하나님의 명령에 따라 자기 자녀에게 반드시 하나님의 말씀을 가르쳐야 하는 사명을 지니고 있다고 생각한다. 때문에 자녀에게 하나님의 말씀을 가르치고 그 말씀에 순종하며 살아가도록 만들기 전에 부모가 죽는 것은 부모로서의 책임을 다하지 못한 것이라고 여긴다. 그래서 그들은 태교부터 성경을 새로 사서 읽어주고, 때가 되면 스스로 읽게 만들고, 자녀가 말을 배우면 제일 먼저 방 안에 들어있는 말씀을 암송하도록 반복하여 가르친다. 그리고 본격적인 교육이 시작되면, 성경을 중심으로 다른 교육을 함께 실시한다.

그렇다면 유대인들이 자녀들에게 힘써 성경의 진리를 가르치려고 하는 이유는 무엇일까? 이는 성경을 가르치는 동안 유대인의 가정은 부모와 자녀가 하나님의 말씀을 공유함으로써 세속적인 삶에 영향을 받지 않게 된다는 확신에서이다. 유대인들이 세상의 리더가 되고, 축복의 사람들이 된 것은 성경말씀을 어려서부터 반복해서 암송하고 그 말씀대로 순종해왔기 때문이라고 평가한다.

교회교육의 핵심은 성경을 가르치는 것이다. 좀 더 정확하게 말하면 성경의 진리를 가르쳐 깨닫게 하고, 나아가 그들의 삶을 통하여 하나님의 뜻이 이 땅위에서 이루어지도록 하는 것이다. 물론 시대에 따라 다양한 문화적인 도구가 사용되고, 아이들에게 접근하기 위한 여러 가지 방법들이 동원되기도 하겠지만, 근본적으로 성경을 가르치는 것이 교회가 아이들을 향한 일차적인 목표가 되어야 한다는 것은 동일하다. 따라서 우리 교회교육에 있어 가장 중요한 고민은 이이들에게 어떻게 성경의 진리를 정확하게 전달하고, 또한 그 진리의 말씀을 어떻게 그들의 삶 속에서 순종의 모습으로 나타나게 할 것인가 하는 문제가 되어야 한다. 이 부분에 있어 반드시 점검되어야 할 점은 "지금 우리 교회가 아이들에게 어떻게 성경을 가르치고 있는가?"이다. 특히 교사들을 통해 이루어지고 있는 분반공부가 이 부분에서 가장 많은 비중을 차지한다고 볼 때, 성경을 가르치고 그 말씀대로 살도록 인도하는 교사의 역할을 점검해주고 도와주는 일은 대단히 중요한 일이 아닐 수 없다. 이 일에 대한 역할 모델을 유대인의 자녀교육에서 찾아볼 경우, 다음과 같은 몇 가지 아이디어를 얻을 수 있다.

첫째, '성경읽기' 가 교육에 가장 기본이 된다는 것이다. 이는 성경을 지식적으로 알게 한다는 것보다는 성경말씀을 삶에 중요한 부분이 되게 한다는 것을 의미한다. 곧, 어려서부터, 비록 글을 모르더라도, 부모님이 읽어주시는 성경말씀을 들음으로써, 그리고 글을 배운 후부터는 자신이 직접 성경을 읽는 것이 생활 속에서 당연한 습관으로 받아들이기까지 지속적으로 훈련되어야 한다는 것이다. 교회교육에 있어 성경읽기를 기본으로 해야 하는 이유는 내 곁을 떠나지 않는 성경말씀이 곧 '내 삶의 길이요 내 길의 빛' 이 될 수 있기 때문이다. 이것이 교육의 기본이 되어야 한다.

둘째, '나눔' 을 통해 성경의 진리를 공유한다는 것이다. 유대인의 아이들은 자신이 읽은 성경말씀을 부모님과 함께 나눔으로써 공유했다. 즉, 그들은 단순하게 읽는 것에서 그치지 않고 그 내용이 무슨 의미인지를 이해하는데 있어 함께 할 대상을 가졌다는 것이다. 아이가 성장하면서부터는 부모대신 교사가 아이에게 성경말씀을 올바로 전달하고 이해하게 하는 역할을 한다. 그런 의미에서 교사는 결코 일방적으로 성경지식을 전달하는 사람이 아니다. 교사는 아이가 부모를 대하듯이 다가와 그 말씀을 청종하며, 어떻게 그 말씀을 삶으로 살아낼 지를 나눌 수 있는 존재여야 한다.

셋째, 깨달은 진리를 삶에 '적용' 하게 했다는 것이다. 유대인들이 어려서부터 가르친 성경말씀이 아이들의 삶에 적용되었다는 증거는 '세속적 삶에 물들지 않았다' 는 것과 성장하면서 후천적으로 '세상에 영향력 있는 모습으로 나타났다' 는 것이다. 성경말씀이 아이들의 삶에 적용되었다는 것은 성경의 가치관이 그들 안에 형성되어 자신의 삶으로 표현되었음을 말한다. 교회교육의 최종적인 목적은 성경적 가치관을 가진 사람들을 양육해내어 세상에 영향력 있는 삶을 살게 하는 것이다. 이것이 곧 인간 제일의 목적인 하나님께 영광이 되는 삶이다.

2. 목표를 가지고 한 사람에게 집중하는 연계교육

> 교회교육은 목표를 가지고 집중적인 연계교육이 이루어져야 한다. 즉, 한 아이가 믿음 안에서 어떤 사람으로 성장해야 하는지에 대한 교육의 목표를 세우고, 그 아이가 성장함에 따라 그 성장과정을 책임지는 연계교육을 해야 한다.

내가 유대인의 교육을 살피면서 가장 인상적인 부분은 하나님 앞에서 구별된 한 사람을 만들기 위하여 태어나면서부터 그의 인격이 형성되는 중요한 과정마다 가정과 학교, 그리고 회당에서 집중적이면서도 연계를 가진 종교교육이 이루어지고 있다는 사실이다. 아이가 모태에 잉태되면서부터 어머니는 그 아이에 대한 교육을 시작한다. 유대인들은 임신이 확인되는 즉시 그 자녀를 위하여 새로이 성경을 사서 읽기 시작하고, 성경을 읽는 횟수를 성경 앞면에 표시한다. 자녀가 태어났을 때에는 아이가 들을 수 있도록 소리를 내어 읽어주며, 자녀가 글을 읽을 수 있는 5세가 되면, 그동안 어머니가 읽어주던 성경을 넘겨주어 그 때부터는 아이가 직접 읽도록 한다. 이렇게 5세까지 가정에서 성경읽기 교육을 한 후, 6세가 되면 가정과 학교가 함께 아이의 교육을 책임진다. 가정에서의 성경읽기가 성경을 익숙하게 하는 과정이라면, 학교에서는 성경을 체계적으로 배우는 과정이다. 이렇게 해서 12세 이전까지 종교교육을 확실하게 마무리한다. 그리고 남 13세, 여 12세가 되면 성인식을 치르게 되고, 13세 이후 6학년부터 12학년까지의 교육은 일반 학문과 종교교육이 병행되며, 이때부터는 아이들 스스로가 자신의 삶을 책임지는 교육을 받게 된다.

교회교육은 이러한 유대인의 교육과 같이 목표를 가지고 집중적인 연계교육이 이루어져야 한다. 우선 한 아이가 전도되어 교회에 오게 되면, 교회는 그 아이가 믿음 안에서 어떤 아이로 성장해야 하는지 그 아이에 대한 분명한 교육목표를 가져야 한다. 아울러 아이가 성장함에 따라 그가 속하게 되는 각 기관마다 그 아이의 성장과정을 책임지는 연계교육이 이루어져야 한다. 이런 면에서 교회학교는 막 결혼한 신혼부부를 포함해 임신한 부모들을 위한 '태교반' 부터 시작되는 것이 좋다고 생각한다. 왜냐하면 임신한 부모들이 태아를 위해 성경을 읽기 시작하면서부터 실제적인 교회교육이 시작되어야 하기 때문이다. 그런 다음 이 후 점차적으로 아이가 자신의 인격을 성경말씀 안에서 형성하고 세상을 볼 수 있는 사람으로 자라가도록 교육해 가야 하는 것이다.

3. 가르치는 사람이 준비된 교육

> 유대의 부모와 교사들은 자신들의 삶 가운데서 그들이 받은 교육을 실천해 왔기 때문에 그들의 교육이 어떤 결과를 가져오는지 매우 잘 안다. 그러므로 그들은 준비된 교사로서 유대교육의 힘을 얼마든지 증명해 낼 수 있는 사람들이다.

유대인의 교육은 부모와 랍비를 통해 이루어진다. 이들은 유대교육의 성패를 가늠하는 매우 중요한 사람들이다. 유대인들이 수백 년 동안 그들의 교육방식을 고집해왔고, 실제로 세계를 깜짝 놀라게 하는 교육의 결과를 얻어내고 있음을 볼 때, 교육을 책임지고 있는 이들이 얼마나 잘 준비된 교사들인지 알 수 있다. 먼저 아이들의 부모는 어려서부터 철저한 유대교육을 받아 온 사람들이다. 따라서 그들은 자신들의 교육방법을 깊이 신뢰하며 아이들을 가르칠 준비가 되어 있다. 랍비의 경우를 보더라도, 유대인들은 아이들을 함부로 교육하지 못하도록 랍비가 되는 자격을 매우 엄격하게 요구하고 있다. 랍비들은 어려서부터 유대교육을 받은 것은 물론, 회당과 학교에서 성경을 가르칠 자격이 부여되는 만큼 일반대학을 졸업한 이후, 물론 4개의 언어(히브리어, 헬라어, 아랍어, 아카드어)를 위해 2년, 그리고 석사 2년, 박사 4년 등 10여년 동안 랍비가 되기 위해 철저히 교육을 받는다.

하지만 유대의 부모와 랍비들은 단순히 성경의 지식을 전달하는 교사로만 준비된 사람들이 아니다. 그들은 또한 자신들의 삶 가운데서 그들이 받은 교육을 실천해 왔기 때문에 그들의 교육이 어떤 결과를 가져오는지 매우 잘 안다. 그러므로 유대의 부모와 랍비는 준비된 교사로서, 유대교육의 힘을 얼마든지 증명해 낼 수 있는 사람들인 것이다.

교회교육에 있어 가장 중요한 자원은 교사이다. 교사는 교회교육이 목적하는 결과를 얻을 수 있는지를 가늠하는 결정적인 역할을 하는 사람들이다. 아무리 체계가 잘 잡혀 있고, 교육적 환경이 좋아도 교사가 자신의 역할을 제대로 해낼 수 없다면 소용이 없다. 반대로 비록 환경이 좋지 못해도 준비된 좋은 교사가 있다면, 얼마든지 아름다운 결과를 얻어 낼 수 있는 것이다. 문제는 좋은 교사를 어떻게 만들어 내는가 하는 것이다. 유대교육을 통해 확신하는 바는 '준비된 교사'를 교회교육 현장에 세워야 한다는 것이다. 특별히 교사들에게 다음 두 가지의 준비가 반드시 필요하다고 생각한다.

첫째, 교육체계에 대한 이해이다. 교회학교의 교사는 무엇보다 먼저 교육커리큘럼 전반에 대한 인식과 이해가 있어야 한다. 다시 말하면, 가르치는 아이들이 교회를 통해 전체적으로 어떤 교육을 받아야 할 것인지를 알아야만 지금 자신이 맡고 있는 아이들에 대한 교사로서의 역할이 무엇인지를 바르게 인식할 수 있다는 것이다. 그러므로 교사가 교육체계를 이해하는 것은 교사로서 자신의 역할을 분명히 할 수 있음은 물론이거니와, 나아가 교육적 효과를 극대화할 수 있는 중요한 준비가 되는 것이다.

둘째는 철저한 교육과 훈련이다. 여기에는 경건훈련과 말씀훈련이 중심이 되어야 한다. 경건훈련은 하나님의 음성을 듣는 것과 그 말씀에 순종하는 것이라 할 수 있는데, 이는 성경을 가르치는 교사가 먼저 자신의 삶 속에서 하나님의 말씀의 권위를 인정하고 그 능력을 힘입어야 함을 의미한다. 왜냐하면 교사의 가르침은 단순하게 성경의 지식을 전달하는 것이 아니라 성경말씀을 통한 삶의 변화와 영향력으로 나타나야 하기 때문이다. 그러므로 경건의 능력이 없이는 교사의 역할을 감당할 수 없다.

그리고 교사는 성경을 가르치는 사람이다. 따라서 그는 성경을 어떻게 가르칠 것인가를 고민하고 그 문제를 해결해야 하는 것이다. 성경공부교재 또는 공과 역시 매 과마다 주어진 성경말씀을 충분히 연구해야 핵심적인 말씀을 전할 수 있다. 아이들의 성장은 교사의 가르침에 달려 있는 것이다. 따라서 교사는 성경을 읽고 이해하고 연구하는 방법을 지속적으로 훈련해야 한다.

제 3 부

새로운 교회교육 패러다임

1. 예배를 가르치고 훈련하라

2. 믿음의 성장을 위해 양육하라

3. 비전교육으로 믿음에 날개를 달아라

4. 교사양성 및 교사교육에 힘쓰라

우리나라는 주로 미국인 선교사들에 의해 기독교가 전파되었기 때문에 교회교육에 있어서도 미국 교회에서 발전해 온 주일학교를 자연스럽게 목회의 한 부분으로 수용하게 되었다. 그리고 지금까지 이를 어린이들의 신앙 교육의 장으로 활용해 오고 있다. 그러다가 근래에는, 원래 주일학교가 모든 연령을 포괄했듯이, 기독교 교육의 기회를 다시 모든 연령층으로 확대시키려는 움직임을 보이고 있다. 그러한 의도로 주일학교보다 '교회학교' 라는 명칭을 선호하게 되었으며, 나아가 이를 성경과 교리의 교육뿐만 아니라 성도들의 제자화의 장으로 발전시키려는 노력을 시도하고 있다.

지역 교회의 교회교육을 살펴보면, 우선 구성 면에서 유아부, 유년주일학교, 중 · 고등부, 청년부, 대학부, 장년부 등과 같이 학년별 또는 연령별로 구분하고 있다. 교육의 내용은 성경과 교리 학습으로 이뤄져 있고, 교육의 방법은 자원 봉사자들로 구성된 교사들에 의해 일반 교육에서 사용하고 있는 강의 방식이 주를 이룬다. 그리고 교육의 실행은 교회학교에 참여하는 성원들이 주일 예배와 분리된 시간에 다른 공간에서 예배를 드린 후, 분반해서 교사에 의해 교육을 받는 유형을 택하고 있다. 여기에 여름성경학교, 계절 캠프, 수련회 등의 프로그램이 추가로 운영되고 있다. 그러나 이와 같은 교회교육은 이제 새로운 변화를 요청받고 있다.

한 가지 안타까운 사실은 앞서 열거한 교회교육이 주일학교가 교회의 프로그램으로 수용된 초기의 교육 형태와 크게 다를 바가 없다는 점이다. 물론 교단마다 새로운 교육교재를 개발함은 물론, 개 교회마다 교육목사, 교육전도사, 교육사를 두고 체계적인 교회교육을 시도하는 등 효과적인 교회교육을 위한 갱신의 노력을 지속적으로 경주해 온 것은 사실이다. 그러나 교회와 목회의 양적, 질적 변화와 발전과 비교해 볼 때, 가장 변화하지 않고 있는 것이 바로 교회교육이라고 해도 과언이 아니다. 게다가 끊임없이 제기되는 문제들, 예를 들면, 여전히 내용에 있어 신뢰를 얻지 못하고 있는 교재, 교사에 대한 교육 및 훈련의 부재와 수적인 부족현상, 열악한 교육 환경, 목회자의 무관심 등이 교회교육의 낙후된 모습을 적나라하게 말해주고 있다.

이런 교회교육의 현실을 타개하기 위해 관계자들은 변화하는 환경에 적합한 교재의 제작, 교사의 양성과 재교육, 교육 재정의 확충, 목회자 및 부모들의 참여 유도 등 다양한 방안들을 지속적으로 내놓았다. 그러나 그와 같은 진단과 처방들은 교회학교의 문제가 거론될 때마다 어김없이 제시된 것들이다. 하지만 정작 교회교육은 별다른 개선책 없이 그저 현상유지의 길만 가고 있는 것처럼 보인다.

따라서 교회교육에 대한 목회적 방침이나 환경적인 부분에 관해서는 앞서 살피고 연구한 사람들의 좋은 제안들을 참조하길 바라고, 본서에서는 교회교육의 새로운 패러다임을 제시하는데 집중하고자 한다. 이를 위해 앞서 2부에서 언급한 유대교육에서 얻은 아이디어를 바탕으로 선교단체의 양육과 소그룹의 노하우를 교회교육에 적용시킴으로써, 교육의 목표와 내용 그리고 방법의 설정에 역동성을 부여함과 동시에 교사들의 교육과 훈련에 대한 것을 다룰 것이다. 또한 구성에 있어 몇 가지 언급할 점은 '예배'를 교육의 측면에서 다루고 있다는 것과 교육을 통한 믿음의 성장은 '양육'의 측면에서 말하고, '예배' 및 '양육'과 함께 '비전교육'을 교회교육의 핵심적인 축으로 제시하고 있다는 것이다. 마지막으로 이 모든 교회교육은 교사들의 역량과 수고에 달려 있음을 확신하면서 교사들의 양성과 교사교육에 대해 제안하려고 한다.

1. 예배를 가르치고 훈련하라

> 참된 예배자로 서게 하는 것, 이것은 그들의 신앙을 세워가는 교역자들과 교사들의 우선적인 책임이다. 따라서 예배는 아이들에게 가르쳐야 할 매우 중요한 내용이다.

교회교육에 있어 첫 번째 축은 '예배'이다. 예배를 말함에 있어 가장 중요한 것은 '그리스도인의 정체성'(christian identity)일 것이다. 왜냐하면 예배는 구원받은 하나님의 백성들이 구원을 주신 하나님께 나아가 인격적인 만남을 이루는 행위이기 때문이다. 구원받은 하나님의 백성들은 예배 가운데 하나님의 임재와 또한 함께 예배하는 성도들과의 교감을 통하여 자신이 그리스도인임을 확인할 수 있다. 짐 그래함은 예수 그리스도를 통해 하나님과 인격적인 관계를 형성하는 것과 예배 가운데 경험하는 하나님의 속성에 감동되어 하나님께 살아있는 예배를 드리게 되는 것에 대해 말한다. 즉, 예배에는 하나님과의 교감과 살아있는 예배의 감동이 있어야 한다는 것이다.

예배는 자신의 정체성을 깨닫고 확인하는 과정에서 큰 은혜를 누리며 감격하게 되는 것이다. 그리스도인들이 참된 예배자로 나아가야 할 이유가 바로 여기에 있다. 우리 아이들을 참된 예배자로 서게 하는 것, 이것은 그들의 신앙을 세워가는 교역자들과 교사들의 우선적인 책임이다. 따라서 예배는 아이들에게 가르쳐야 할 매우 중요한 내용이다.

그렇다면 무엇을 가르쳐야 할 것인가? 무엇보다 예배에는 그 속에 하나님과 교감할 수 있는 요소들이 존재한다는 것을 가르쳐야 한다. 다시 말하면, 우리가 드리는 예배에는 하나님께서 예배하는 자들에게 내려 주시는 은혜의 요소(하나님으로부터 나오는 요소; *a parte Dei*)와 그분의 백성된 자들이 하나님께 올려 드리는 요소(성도들로부터 나오는 요소; *a parte homini*)가 함께 나타난다는 것을 알아야 한다. 예배는 이러한 요소들로 인하여 하나님과 예배하는 자들이 서로 주고받으며 기쁨과 사랑의 교감을 느끼는 것이다. 무턱대고 예배당에 앉아 있기만 하면 예배가 되는 것이 아니고, 그 예배의 요소들에 예배자의 마음이 움직이며, 하나님의 주시는 은혜에 반응하며, 하나님께 구별하여 올려 드릴 것들을 마음 중심에서부터 끌어내야 하는 것이다. 그럼으로써 마침내 하나님의 위로에 감격하고, 선포된 말씀에 따라 내 삶을 결단하며, 찬양과 기도로 내 마음 깊은 곳의 고백과 사랑을 드리게 될 때, 우리는 예배의 기뻠과 감동을 맛볼 수 있게 되는 것이다.

아울러 이러한 기본적인 예배에 대한 이해를 바탕으로 예배가 삶으로 확대된 의미에 대해서도 가르쳐야 한다. 즉, 단지 건물 안에만 종속된 예배가 아닌, 또는 주일에만 국한된 것이 아닌 매일의 삶 전체에 관여하는 예배에 대해 가르쳐야 한다. 그럼으로써 개인적인 경건 생활과 예배행위가 서로 연관성을 가짐을 알게 해야 한다.

다시 말하건대, 교회는 아이들에게 이러한 예배의 요소들을 가르치고 훈련해야 한다. 그냥 조용하고 얌전하게 드리는 예배만을 알게 해서는 안 된다. 예배 가운데 나타난 요소마다 그 의미를 가르침은 물론, 그 의미대로 하나님 앞에 나아갈 수 있도록 훈련해야 하는 것이다. 아울러 아이들이 예배를 드리는 가운데 가지게 되는 의문들에 대해서도 분명히 설명함으로써 충분히 이해하도록 도와주어야 한다. “왜 예배는 빠지면 안 돼요?” “예배 때 찬송과 기도를 왜 이렇게 많이 해요?” “헌금은 왜 해야 돼요?” 등 아이들은 예배에 대한 그리고 예배의 요소들에 대한 이해를 필요로 하기 때문이다.

(1) 가르쳐야 할 것들: 예배의 요소들

예배는 하나님이나 또는 성도의 일방적인 행위가 아니다.

예배는 하나님과 그의 백성이 서로 마음과 행위를 주고받으며 인격적인 교감을 형성하는 상호적인 것이다. 예배가 시작되면 하나님께서 자기 백성들에게 다가오시기도 하고 반대로 성도들이 예수 그리스도 안에서 하나님께 나아가기도 하면서 하나님과 성도 사이에는 은혜와 정성이 나눠지게 된다. 여기에서 중요한 것은 예배 가운데 회중 깊숙이 개입하시는 성령님의 역사이다. 성령님은 인도자와 회중을 감동하여 교감을 이루게 하시며, 예배의 모든 요소를 하나로 묶어냄으로써 하나님이 기뻐하시는 예배로 이끄신다. 그러므로 예배는 언제나 마음을 열고 성령님의 역사하심을 기대해야 하는 것이다.

교회학교는 아이들에게 예배의 각 요소들뿐만 아니라 성령님께서 개입하시는 예배에 대해서도 함께 가르쳐야 한다. 그러기 위해서는 먼저 예배의 각 요소들이 가지는 의미를 정확하게 가르쳐 주고, 아울러 그것들에 대한 마음의 자세에 대해 정확히 말해주어야 한다. 분명히 말할 수 있는 사실은 어린 아이들이라 할지라도 성령님께서 역사하시는 감동적인 예배를 할 수 있다는 것이다. 다만, 예배를 가르치는가 그렇지 않는가에 따라 결과가 달라질 수 있을 뿐이다. 아이든 어른이든 예수 그리스도의 구속의 은혜를 받은 사람이라면, 이런 예배를 사모하며 예배의 감격을 누려야 한다.

그러면 가르쳐야 할 예배의 요소와 그 의미들에 대해 살펴보자. 단, 본서에서는 예배학에서 다루는 모든 요소를 다루지 않고, 일반적으로 사용하고 있는 교회학교 예배순서에 나타난 요소들을 간략하게 다루고자 한다.

1) 하나님으로부터 나오는 요소(*a parte Dei*)

여기에는 '축복의 선언', '성경봉독', '하나님 말씀의 선포' 등이 있다. 교회마다 조금씩 차이는 있지만, 일반적으로 위와 같은 요소들을 포함하고 있다.

① 축복의 선언

이 '축복의 선언'은 구약의 축복에 그 근거를 두고 있다. 언약의 주체가 되시는 하나님께서 직접 족장들을 축복하시거나 모세나 족장들을 통해 백성들을 축복하실 때, 이를 통해 하나님께서 자신의 언약을 지킬 것을 약속하신 것에서 비롯되었다. 오늘날 이것은 목사에게 주어진 말씀과 사도적 축복의 선포에 대한 권한으로서, 말씀을 통해 주어진 은혜에 대한 약속을 선언하는 의미가 있다. 다시 말하면, 설교를 통해 주어진 말씀을 하나님의 약속으로 선언함으로써, 믿고 따르는 자에게 축복이 주어질 것임을 드러내는 것으로 받아들일 수 있다. 따라서 축복의 선언이 있을 때에는 설교자를 통해 주어진 말씀을 상기하며, 이를 순종할 자가 누릴 은혜와 축복을 사모하는 마음을 가져야 한다.

② 성경봉독

어떤 사람들은 '성경봉독'이 하나님께서 그의 백성들에게 자신의 말씀을 직접 말씀하시는 시간이기 때문에, 예배 가운데서 가장 중요한 요소라고 말하기도 한다. 하지만 그렇다고 해서 성경봉독이 설교보다 더 권위 있다고 과도하게 주장한다면, 이는 잘못된 주장이다. 그래도 성경봉독은 오늘 선포될 하나님의 말씀을 직접 읽는다는 측면에서 그 의미를 둘 수 있다. 예배 중 성경봉독은 설교자가 혼자 읽기도 하지만, 회중과 함께 한 두 절씩 교독하는 경우도 많이 있는데, 회중이 직접 하나님의 말씀을 읽으면서 선포될 설교말씀에 대해 관심을 가지며 하나님의 음성에 마음을 열 수 있는 요소라는 점에서 중요한 의미를 가진다.

③ 말씀의 선포

'말씀의 선포'란 설교를 말하는 것으로, 하나님의 말씀을 설명하고 적용하는 의미를 가진다. 설교는 설교자의 독백이 아니라 이를 통하여 성도들이 하나님의 말씀을 듣고 배우는 것이다. 특히 설교는 회중과의 교감에 있어 설교자의 노력을 초월한 성령님의 간섭하심을 필요로 한다. 이는 설교가 위로부터 오는 요소라는 강력한 증거이기도 하다. 따라서 설교를 듣는 회중은 위에서 주시는 은혜를 사모하며, 기도로서 설교자와 자신에게 성령님이 충만히 거하시기를 구해야 한다.

예배가 진행되면서 이러한 하나님으로부터 나오는 요소들을 맞이할 때, 성도들은 나를 구속하시고 내 삶의 주권자이신 주님 앞에 경외와 겸손의 자세로 나아가 자신에게 주시는 축복과 약속의 말씀을 귀 기울여 청종하고, '아멘' 으로 받아야 한다.

2) 성도들로부터 나오는 요소(*a parte homini*)

성도들이 하나님께 올려드리는 요소 즉, '고백', '기도', '봉헌', '하나님을 찬양하는 노래' 등이 여기에 속한다.

① 고백

'고백' 이란 두 가지 의미로 살펴볼 수 있다. 첫째는 자신의 죄에 대한 인정과 죄사함의 간구로서의 고백이고, 둘째는 사도들의 신앙고백을 통한 구원받은 백성으로서 믿음의 고백을 말한다. 먼저 고백의 기도는 한 주간의 삶을 돌아보며 하나님의 백성으로서 믿음 가운데 살지 못한 것들을 고백하고 사죄의 기도를 드림으로써 죄사함의 기쁨을 회복하는 것이다. 그리고 성도들 공동의 신앙고백인 사도신경에는 삼위일체 하나님과 예수님의 동정녀 탄생, 고난 그리고 부활에 대한 기초적인 신앙고백이 담겨져 있어 이것을 예배 중에 함께 외우는 것은 내가 가진 믿음의 본질이 무엇인지를 분명히 고백함으로 잘못된 믿음에서부터 자신을 지켜 견고한 믿음을 가지게 한다.

② 기도

예배 중에는 여러 번 기도를 하게 된다. 먼저 회중 모두가 해야 할 기도를 회중의 대표자가 하는 '대표기도'(또는 공동기도)는 함께 드리는 예배와 회중들의 기도의 제목들을 가지고 하나님께 아뢰는 것으로, 대표자가 기도할 때 회중은 진지하게 '아멘'으로 동참해야 한다. 설교자에 의해 행해지는 기도는 우선 설교 전에 '성령님께서 설교할 때 성도들의 마음을 열어 말씀의 능력이 잘 나타나도록 간구하는 기도'와, 설교 후에 '설교자에 의해 증거된 하나님의 말씀이 성도들의 삶에 잘 적용되어 새로운 결심과 열매가 나타나도록 기원하는 기도'가 있다. 그 외에 성도들이 드린 예물을 하나님께서 기쁨으로 받으시고 하나님 나라 확장을 위해 아름답게 사용하시기를 기도하며 드린 성도들의 손길에 축복하시기를 간구하는 '봉헌기도'가 있다.

③ 봉헌

'봉헌' 이라 함은 헌금의 요소를 말하는데, 기본적으로는 우리가 누리고 있는 부요가 하나님께로부터 왔음을 고백하면서 하나님의 뜻대로 그 물질을 사용하겠다는 고백으로 구별하여 드리는 것이다. 십일조를 드리면서 내게 주어진 물질이 다 하나님의 은혜로 주어졌음을 고백함은 물론, 남은 십의 아홉 또한 하나님께서 기뻐하시는 일에 우선적으로 사용되어야 함과 아울러 하나님께서 기뻐하시는 일들에 대한 안목도 함께 가지도록 가르쳐야 한다. 또한 이 헌금이 교역자의 사례, 교회의 운영, 교회교육, 전도와 선교 등을 위해 포괄적으로 사용된다는 것도 아이들이 궁금한 요소가 될 수 있기 때문에 가르칠 필요가 있다.

④ 하나님을 찬양하는 노래

예배 중에 하나님을 찬양하는 노래는 기도처럼 여러 형태가 있다. 먼저 '회중찬송' 은 온 회중이 하나님께 드리는 향기로운 제물이 되는 것을 인식하며 하나님께 한 마음으로 영광 돌리는 것과 하나님의 말씀이 설교자를 통하여 선포된 다음 회중들이 감사의 응답을 표현하며 하나님 앞에 마음을 결단하는 것이라 할 수 있다. 또한 회중 모두를 대표하여 찬양대가 하나님께 영광을 돌리는 찬양도 있는데, 이는 예배자인 회중의 마음을 하나님 앞에 나아가도록 하여 하나님의 말씀을 경청할 마음의 그릇을 준비시켜 주는 역할을 한다.

근래에는 예배의 패턴이 바뀌어 찬양에 대한 비중과 중요도가 크게 부각되어 전문성을 갖춘 찬양팀이 예배 사역을 담당하는 경우를 많이 볼 수 있다. 예배의 다른 요소들은 축소 또는 생략된 반면, 찬양의 비중은 더욱 커져서 예배를 좌우하는 중요한 요소가 되고 있다. 찬양의 내용 또한 더 다양해지고 세밀하고 구체화되어서 그 의미를 생각하며 깊은 찬양을 할 수 있게 되었다. 즉, 하나님의 구원 역사를 노래하는 것과 하나님의 자녀로서 보호하시고 인도하시는 것에 대한 감사의 노래, 그리고 하나님을 칭송하는 의미를 담고 있는 송축의 찬양 등 보다 다양한 내용의 찬양을 드릴 수 있게 되었다. 찬양을 하기 전에 그 곡이 가지고 있는 다양한 의미를 소개하는 것은 회중들로 하여금 더 깊은 찬양을 드리게 하는 방법이 될 수 있다.

(2) 훈련해야 할 것들: 예배의 행위와 삶

교회교육에서 예배를 첫 번째 축으로 제시하고 있는 이유는 아이들을 참된 예배자로 세워가는 것이 그들의 삶을 성공적으로 이끄는 키가 되기 때문이다. 그러기 위해 감동적인 예배를 드릴 수 있도록 예배를 준비하고, 예배의 요소들을 가르치는 일은 중요한 일임에 틀림없다. 하지만 예배는 예배 시간에만 감동적이고 은혜롭게 시작되고 마치는 것이 목적이 되어서는 안 된다. 이보다 더 중요하게 여겨야 할 것은 예배의 감격이 그 삶에 전달되어 삶 자체가 예배처럼 하나님과 친밀한 교제가 이루어 질 뿐 아니라 하나님의 뜻을 온전히 이루어 드릴 수 있도록 하는 것이다. 이렇듯 예배가 공동체적인 모임을 통해 집합적으로 이루어지는 것은 물론 각 개인이 예배적인 삶을 살도록 하기 위해서는 반드시 예배의 훈련이 필요하다.

그러면 무엇을 훈련해야 할 것인가? 예배를 훈련한다고 할 때, 이는 예배 자체를 훈련하는 것을 말하는 것이 아니다. 오히려 그것은 먼저 예배에 나타난 요소들 특히 성도들로부터 나오는 요소를 어떻게 마음과 정성을 다해 하나님께 드릴 수 있는가를 훈련하는 것이며, 또한 드려진 예배를 삶으로 연결시켜 나갈 수 있도록 훈련하는 것을 말한다. 그런 의미에서 다음과 같은 세 가지의 훈련은 온전한 예배를 위해 꼭 기억해야 할 사항들이다.

1) 준비된 예배를 훈련해야 한다

하나님의 임재를 느끼며, 기쁨과 만족이 넘치는 예배를 드릴 수 있는 가장 좋은 방법은 예배를 잘 준비하는 것이다. 하나님의 말씀을 대언하는 설교자는 물론, 예배의 요소마다 맡은 자들이 최선을 다해 준비할 수 있어야 한다. 예컨대 대표기도를 맡은 이는 교사건 아이건 간에 자신이 속한 예배 공동체와 예배 회중들의 영육간의 필요를 찾아내어 모두가 공감할 수 있는 것을 기도로 하나님께 아뢰야 한다. 그래야 공동체가 '아멘' 으로 함께 마음을 드려 기도에 동참할 수 있는 것이다. 그래서 아직 기도가 익숙하지 않은 아이들에게는 기도문을 쓰게 하고 교사가 이를 지도함으로써 기도하는 훈련을 해야 할 필요가 있다. 나는 여러 교회의 중고등부 헌신예배에 갈 때마다 준비되고 훈련된 기도의 흔적을 보면서 후에 그 아이의 성장한 모습을 그려보곤 한다. 그리고 실제로 수년이 지난 후 그와 같이 성장한 모습을 보았던 경험이 적지 않았다.

예배를 위해 훈련되어야 할 또 다른 부분은 하나님을 찬양하는 노래이다. 보통 준비찬송이라 불리는 예배 전 찬양은 사실 잘못된 표현이다. 정확하게 표현하자면, 예배를 위해 마음을 여는 찬양이라고 해야 할 것이다. 이 시간 찬양은 두 가지 방향에서 준비되어야 한다. 한 가지는 그야말로 하나님을 갈망하며 그분께 나아가기 위해 마음의 문을 여는 것이고, 또 다른 한 가지는 오늘 주실 말씀의 주제에 따라 생각을 집중하게 하는 것이다. 따라서 찬양을 이끄는 사람은 이 두 가지 방향으로 찬양을 준비해야 한다. 뿐만 아니라 예배 때 부를 회중찬송이 잘 불려지지 않는 곡이라면, 예배 전에 먼저 불러 마음이 담긴 찬송을 할 수 있도록 하는 것도 중요한 준비라 할 수 있다. 입만 벙긋하는 립싱크 찬송은 하나님께 올려드릴 수 없다. 찬양팀이 오랜 시간 찬양을 할 때에도 많은 사람들이 따라하지 못하는 찬양은 역시 한 두 번이라도 먼저 불러보는 것이 필요하다. 막상 예배가 시작되었을 때 찬양이 생소할 경우에는 찬양이 오히려 우리의 마음을 닫게 만들 수도 있다. 찬양대의 찬양 역시 두 말할 필요가 없을 것이다. 잘 연습해서 훈련된 찬양이 큰 은혜를 끼칠 수 있을 뿐 아니라, 하나님께 영광이 되는 것이기 때문이다.

2) 구별하여 드리는 것을 훈련해야 한다

헌금(봉헌)에는 어떤 훈련이 필요할까? 물론 그냥 가진 것을 헌금함에 넣으면 되는 것이 아니다. 여기에는 두 가지 훈련이 있다. 첫째는 봉헌할 헌금을 구별하는 훈련이다. 즉, 자신에게 수입이 생겼을 경우, 십일조 등과 같이 하나님께 드릴 것을 먼저 구별하는 것, 그리고 토요일에 주일을 준비하는 것을 말한다. 하나님의 것을 구별하는 훈련이 되어있지 않으면, 자신을 위해 다 써버리고서 정작 하나님께 드릴 것을 잊어버릴 수 있고, 또한 주일에 잘 드릴 수 있도록 토요일에 미리 챙기지 못하면, 자칫 드려야 할 시기를 놓칠 수 있기 때문이다.

둘째는 하나님 나라의 필요에 따라 내어놓는 훈련이다. 비록 십일조를 제외한 열의 아홉을 자신을 위해 쓴다 하더라도, 그것 역시 하나님이 기뻐하시지 않는 곳에는 쓰지 않아야 할 뿐 아니라, 경우에 따라서는 하나님 나라를 위해서는 그것조차 기꺼이 하나님께 드릴 수 있어야 한다는 것이다. 이처럼 어려운 이웃을 돕는 일과 선교를 위해서 어릴 때부터 작은 것이라도 내어 놓는 훈련이 되어야 그들의 믿음이 자라며, 어른이 되어서도 더 큰 하나님 나라의 일에 물질과 자신을 내어 놓을 수 있는 것이다.

3) 선포된 말씀을 순종하는 훈련을 해야 한다

예배가 잘 드려졌는지의 여부는 예배 이 후에 그들의 삶이 어떻게 달라졌는가를 봄으로써 알 수 있다. 성전 미문에 앉아서 구걸하던 앉은뱅이가 고침을 받은 후 걷고 뛰면서 하나님께 영광을 돌리는 삶으로 변화된 것처럼, 온전한 예배를 통해 사죄의 확신과 영육의 회복을 받은 성도들은 그 삶 역시 변화되어야 하는 것이다. 물론 삶의 실제적인 변화는 단순히 한두 번 보여주는 일시적인 모습이 아니라 지속적으로 볼 수 있는 것, 즉 삶의 패턴으로 확고히 정착된 모습을 말하는 것이다. 따라서 예배를 통해서 선포된 말씀은 단순히 깨닫는 것에만 그쳐서는 안 된다. 한 걸음 더 나아가 그 말씀을 오늘 우리의 삶에 필요한 하나님의 뜻으로 듣고, 삶 속에 그것을 이루어 내야 하는 것이다. 즉, 선포된 말씀을 자신의 삶에 적용하여 순종할 수 있어야 한다는 것이다. 이것은 원칙적이면서도 가장 중요한 것이다. 그럼 어떻게 선포된 말씀에 순종하는 훈련을 해야 할까?

① 공동체적 순종을 보여주어야 한다

교회(또는 기관)가 하는 일들은 말씀을 통해 성도들에게 설명되어야 한다. 즉, 정기적이든 단회적이든 진행되고 있는 행사와 사역이 말씀의 원리 속에서 또는 주님의 명령 가운데서 이루어지고 있음을 말씀의 선포를 통해 알게 해야 한다는 것이다. 모범을 보이는 것이 교육에 있어 효과적인 방편이 되듯이, 교회가 먼저 말씀 앞에 순종하고 있음을 보여줌으로써 성도 개인의 참여와 순종을 요청할 수 있는 것이다. 말씀이 동기가 될 경우, 개인은 물론 온 교회가 함께 움직여 주님의 명령에 순종하고 그 영광을 위하여 헌신할 수 있다. 그러므로 공동체적 순종은 개인의 순종을 끌어내고 훈련하는 좋은 방법이라 말할 수 있다.

② 나눔을 통하여 순종을 훈련해야 한다

교육기관이 가지는 특성 중 하나는 분반활동이 가능한 소그룹이다. 각 기관들은 소그룹 분반활동을 통하여 성경을 배우기도 하지만, 개인의 삶을 서로 나누면서 자신들의 믿음을 성장시켜 나간다. 예배를 통하여 선포된 말씀이 각자의 삶으로 표현되도록 하는 데에는 무엇보다 나눔이 필요하다. 이 나눔은 성경의 지식을 나누는 것이 아니라, 말씀이 내 삶에 어떻게 도전이 되었으며 그래서 내 삶이 어떻게 변화되어야 하는가를 서로에게 말하고 지킬 것을 다짐하는 것이다. 따라서 말씀에 순종하는 훈련을 효율적으로 하는 방법이 필요한데, 그 중 한 가지가 소그룹을 통한 나눔이다.

말씀을 듣는 것은 쉬우나 순종하는 것은 훈련을 통해서 몸에 익혀야 한다. 순종이 훈련되지 않으면 말씀을 들어도 믿음이 성장하지 못한다. 이런 점에서 나눔은 순종을 다짐하고 격려하는 좋은 방편이 된다. 그렇게 함으로써 하루하루의 삶에 대한 순종이 자신의 전 생애에 대한 순종으로 나타날 수 있도록 훈련되어가는 것이다. 그러므로 분반공부시간에 성경공부에 앞서 그날 설교에 대한 간단한 나눔을 할 수 있도록 설교요점과 적용질문을 제공하는 것도 좋은 방법이라 할 수 있다.

2. 믿음의 성장을 위해 양육하라 : 양육을 위한 핵심적인 지침들

> 우리의 교회교육은 양육의 개념에서 이해되고 시행되어야 하는데, 이는 성경을 가르치는 분반공부가 단순히 성경의 지식을 전달하는 것이 아니라 믿음의 성장을 위해 이루어져야 한다는 점을 강조하기 때문이다.

'양육' 이란 사전적 의미로는 '보살펴서 자라게 한다' 는 뜻을 가진다. 이를 믿음의 차원에서 풀어 본다면, 복음으로 변화된 사람에게 하나님의 말씀을 균형 있게 전달함으로써 그로 하여금 그리스도의 장성한 분량에까지 자라게 하는 일련의 과정이라 말할 수 있다. 즉, 소위 말하는 믿음의 성장이 양육을 통해서 이루어지는 것이다.

우리나라의 전통적인 주일학교의 가장 특징적인 모습은 성경말씀을 가르치는 '분반공과공부' 라고 할 수 있다. 이것을 두고 소위 교회교육으로 말해 왔고, 따라서 '분반공부'가 교회교육을 대변하는 것으로 이해해왔다. 그런데 본서에서 말하고자하는 교회교육의 패러다임 중 두 번째 축인 '양육'의 부분이 바로 여기에 해당하는 것이라 하겠다. 다시 말하면, 우리의 교회교육은 양육의 개념에서 이해되고 시행되어야 하는데, 이는 성경을 가르치는 분반공부가 단순히 성경의 지식을 전달하는 것이 아니라 믿음의 성장을 위해 이루어져야 한다는 점을 강조하기 때문이다. 따라서 한 개인의 믿음의 성장을 위해서는 양육을 위한 일련의 체계적인 행위가 필요한데, 교회에서 교육을 담당하는 교역자 및 교사들은 이것을 분명히 인지해야 한다.

그럼 양육이란 무엇이며, 어떤 체계를 가지고 운영되어야 하는 지에 대해 자세히 살펴보자. '양육'이란 앞에서도 말했듯이, 복음을 통해 본질적인 변화가 생긴 사람에게 성경말씀을 통하여 하나님의 사람으로 성장시켜 나가는 행위를 말한다. 그리고 그 양육의 틀을 '양육체계'라 한다. 구체적인 예를 들어 설명해 보겠는데, 이는 내가 사역해왔던 SFC의 양육체계를 토대로 한 것이다(이해를 위해 용어와 표현에 있어 조금의 수정 가함).

아래의 도표는 한 사람의 자연인이 복음을 듣고 그리스도인으로서 스스로 독립하여 하나님 나라의 건설자로 세워지기까

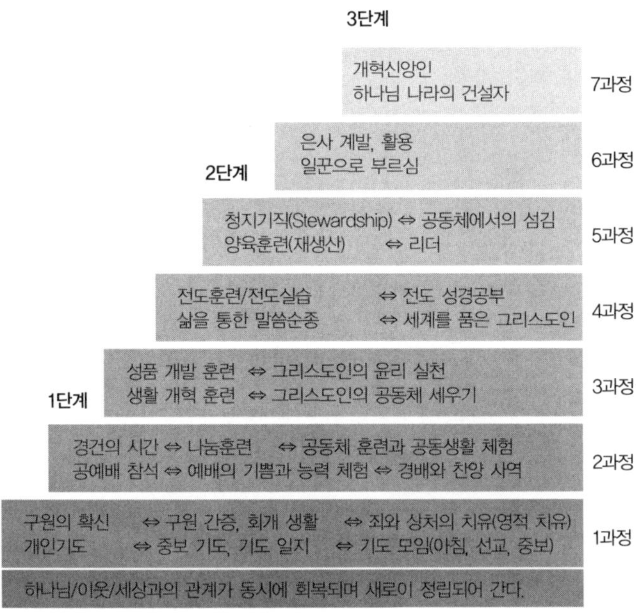

표1 | 3단계 7과정의 양육체계(SFC)

지의 과정을 단계별로 도식화한 것이다. 1단계는 1,2과정으로서 구원의 확신부터 자율적인 개인경건생활까지를, 2단계는 3,4,5과정으로서 성품의 변화부터 전도 및 재생산의 과정까지를, 마지막 3단계는 6,7과정으로서 교회와 하나님 나라를 위한 봉사와 헌신 그리고 모든 삶의 영역에서 하나님의 주권과 영광을 드러내는 삶에 이르기까지의 과정을 보여주고 있다. 물론 영적인 성숙은 개인마다 차이가 있으므로 그것을 일괄해서 도식화하는 것은 대단히 어려운 문제이다. 따라서 도표에서는 비록 한 과정 한 과정이 다음 과정으로 연결되는 계단처럼 설계되어 있지만, 뒷부분으로 갈수록 개인의 영적 상태와 신앙 역사에 따라 반드시 이 순서에 따르지 않아도 된다는 점을 전제하고 있다. 다만 이 도표는 7과정에 도달하는 과정 전체가 그리스도인으로 스스로 서게 하는 대단히 중요한 기초임을 보여줄 뿐이다. 왜냐하면 신앙인이 이 기초에 바로 세워지지 않으면, 성숙한 그리스도인은 물론 하나님 나라의 든든한 건설자가 결코 될 수 없기 때문이다.

사실 엄격히 말하면 위의 도표는 신앙의 성장을 돕는 양육 패러다임이라기보다는 제자훈련을 겸한 패러다임이라고 말할 수 있다. 왜냐하면 이것은 SFC라는 선교단체의 양육과 제자훈련 프로그램으로 만들어진 것이기 때문이다. 따라서 교회에서 교육프로그램으로 이것을 활용할 경우에는 이것을 그대로 사용하는 것이 아니라 교회에 맞는 교육(양육)패러다임으로 재구성해서 사용해야 한다. 그러면 이를 돕기 위해 간단한 도표로 된 양육패러다임의 한 예를 보여주도록 하겠다.

이 양육패러다임은 복음을 받지 않은 한 사람의 자연인이 복음을 받거나 또는 교회에 초청되어 온 것을 시작으로 '구원의 확신' 과정을 거쳐, 개인 또는 공동체적으로 하나님과의 관계를 가지는 '경건생활의 확립' 과정, 그리고 하나님과의 깊

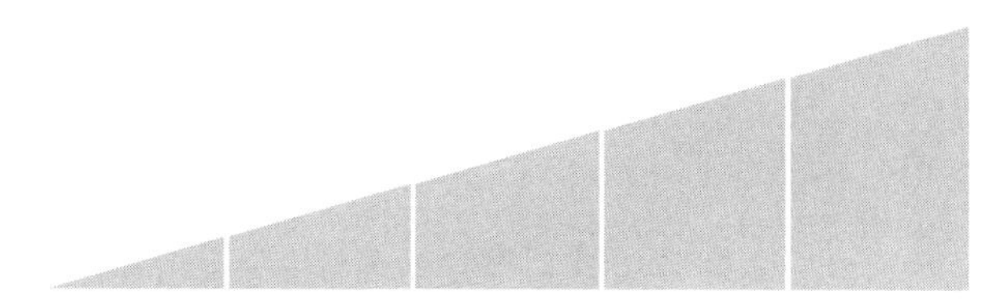

표2 | 양육 로드맵

은 교제 속에서 하나님을 닮아가는 성화의 과정인 '성품과 삶의 변화' 과정, 교회와 공동체를 섬기고 이끌어가는 '봉사와 리더십' 과정, 그리고 자신의 삶을 하나님 나라를 위해 드릴 수 있는 '헌신의 삶' 과정까지의 양육과정을 제시하고 있다. 내용과 방법에 대한 구체적인 것은 뒤에 언급할 '양육목표와 로드맵'에서 다루기로 하겠다.

이처럼 교회교육은 한 사람이 복음을 받은 이후부터 헌신된 그리스도인으로 성장하기까지의 양육과정을 그려볼 수 있을 때에야 비로소 교육에 대한 목표를 그려낼 수 있는 것이다. 따라서 각 교회마다 이러한 양육체계를 가지고 교회교육을 시행해야 한다.

그럼 이제부터 양육에 대한 구체적인 지침을 따라 양육의 체계를 세워보기로 하자.

(1) 양육은 아이들과의 면담으로부터 시작하라

한 아이가 교회에 새로 왔다. 친구의 인도를 받아서 왔든지 아니면 스스로 왔든지 어떤 과정을 통해서든지 교회에 첫발을 들여놓는 순간, 교회는 그에게 모든 관심을 기울여야 한다. 그리고 그가 교회에 잘 정착하도록 교사를 붙여 관리하고, 반을 편성하면 '양육'이 시작되는 것이다. 양육의 첫 과정은 먼저 개인면담을 통해 개인의 상황을 평가하고 파악하는 일이다. 이는 일차적으로 한 아이의 양육이 어떻게 시작되고 어떻게 전개되어야 할지를 파악하는 것은, 교회가 한 아이에 대해 집중적이고도 연계성이 있는 교회교육이 이루어지도록 하는 양육의 밑그림을 그리는 것과 같은 일이기 때문이다. 교사는 개인면담을 통해 다음 두 가지 측면에서 아이를 파악하고 내적, 외적 상황을 평가할 수 있어야 한다.

첫째는 환경적 평가이다. 우선 아이의 가정환경이 신앙의 가정인지 아니면 불신가정인지를 살펴보아야 한다. 아이가 혼자 왔다면 대부분 불신가정에서 나온 경우가 많은데, 그런 경우 앞으로 교회생활에 대한 부모의 반응이 어떠할지를 가늠해 볼 수 있어야 한다. 곧, 환경을 통해 가장 중요하게 살펴보아야 할 부분은 부모의 반응을 비롯해 그의 환경 속에서 어느 정도 교회출석이 가능한지를 살피는 것이다. 왜냐하면 교회의 출석 여부가 그의 신앙생활에 미치는 영향이 가장 크기 때문이다. 신앙의 가정이든, 불신가정이든 지속적인 출석이 이루어져야 아이에 대한 구체적인 양육계획이 세워질 수 있는 것이다.

둘째는 신앙고백적 평가이다. 이것은 신앙의 가정이 이사왔거나 다른 곳에서 교회를 다닌 적이 있는 아이를 대상으로 하는데, 여기에서 가장 중요한 것은 아이의 구원의 확신 여부를 살피는 일이다. 왜냐하면 이 아이의 양육이 어디에서부터 시작되어야 하며, 일차적인 양육목표를 어떻게 설정하는지를 알아야 하기 때문이다. 적지 않은 교회들이 이 부분을 생략하고 있는 것은 양육의 체계가 바르게 세워지지 않았기 때문이다. 그로 인하여 교회에 다니고는 있지만 정작 구원의 확신이 없어 믿음의 성장을 기대하기 어려운 아이들이 많이 있음을 볼 수 있다. 간단한 구원상담 방법에 대해서는 이 단원 뒤에 나오는 〈참고 1〉에 설명해 두었다.

(2) 복음제시는 분명히 이루어져야 한다

교사들이 가지는 고민 중 하나는 자신이 가르치는 아이들이 변화가 없다는 것이다. 예배를 드리고 성경공부를 해도 아이들의 태도나 삶에는 아무런 변화가 없이, 다만 교회라는 환경에만 익숙해져 간다. 더욱 염려스러운 것은 그들이 교회공동체의 주요한 멤버로 자리잡아가면서 전체의 신앙적 분위기를 흐트러 놓는다는 것이다. 또 어떤 아이들은 수년간의 교회생활에 성경적인 지식도 있고, 제법 익숙해진 종교적인 행위도 함으로써 누가 봐도 의심의 여지가 없는 교회 멤버인데도 불구하고, 좀 더 깊은 신앙생활을 요구하거나 자신이 허용한 교회 생활 이상의 것을 요구할 경에는 그것을 받아들이지 못한다. 개인적인 성품은 공동체 내에서 별 어려움 없이 어울릴 수 있지만, 깊은 신앙적 분위기에는 어색해하거나 가능한 피하려 하는 모습을 보이기도 한다. 수련회를 통해 영적 도전을 받는 것처럼 보이지만, 그것도 잠시뿐 여전히 변화가 없고, 다른 필요가 생기면 주일 예배도 언제든지 뒷전이다.

교역자들과 교사들은 이러한 현상을 보며 답답해 할 뿐 별다른 방법을 찾지 못한다. 대체 무엇이 문제일까? 결국 그들에게서 신앙의 성장이 없다는 것이다. 하지만 교회를 다니며 예배와 성경공부에도 잘 참여하는데 왜 신앙에 성장이 없는 것일까? 이 질문에 있어서 점검해야 할 가장 중요한 문제는 '구원의 확신' 이다. 다시 말하면, 예수 그리스도를 개인적인 구주로 영접했는가 그렇지 못했는가의 문제인 것이다. 믿음이 성장한다는 것은 예수 그리스도를 믿는 믿음 안에서 새로운 삶이 시작되고, 그 위에 하나님의 말씀이 삶의 양식이 되어 점점 하나님의 사람으로 성장해 가는 것을 의미한다. 그리스도

안에서 거듭남이 없으면, 믿음의 성장도 기대할 수 없다.

간사 사역을 시작하기 전, 나는 신학대학원에 다니면서 고교 SFC 협력사역을 했었다. 그 때 학생들 중 특별한 열심을 가진 이들이 몇 명 있었는데, 그 중 모임에 잘 참석하고 제자훈련까지 받아 학생리더로서 역할을 했던 한 아이가 있었다. 5년 쯤 세월이 지난 어느 날 해운대 해변 가에서 그 아이를 만난 적이 있었다. 그 아이는 나와 눈이 마주치는 순간 뭔가 급하게 손에 든 것을 감추고는 내게로 다가와 인사를 했다. 악수를 하고 몇 마디 이야기를 나누는 동안 냄새가 코를 자극할 정도로 담배에 찌든 모습과 삶의 목적을 잃은 것 같은 흐릿한 눈동자는 더 이상 예전에 믿음 안에서 만났던 그 아이가 아니었다. 잠시 이야기를 나누면서 확인할 수 있었던 사실은 당시 그 아이는 구원의 확신이 없이 그저 사람이 좋아서 SFC를 열심히 좇아 다녔고, 제자훈련 때에도 모임을 준비하고 아이들을 만난다는 핑계로 훈련을 피해 다녔다는 것이었다. 하나님이 믿어지지 않는데 그에게 경건훈련이나 제자훈련이 무슨 의미가 있었을까? 그 사실을 몰랐던 나는 모임과 훈련에 열심히 참석한 것만으로 그 아이를 리더로 세웠던 것이다. 그는 고등학교를 졸업한 후 교회도 다니지 않고 믿음을 잃어버린 채 다른 만족을 위해 하루하루 술과 담배 그리고 쾌락을 좇아 살아가는 아이가 되어 있었다.

교회교육은 하나님의 말씀을 아이들에게 가르쳐 그들로 하여금 하나님의 사람으로 성장하게 하는 것이 주된 목적이다. 따라서 하나님의 말씀으로 그들을 성장하게 하기 위해서는 먼저 구원의 확신을 점검해야 한다. 그래서 영접하지 못한 이들에게는 '복음제시' 하는 것에서부터 교회교육이 시작되어야 한다. 예수 그리스도 안에서 거듭남이 있고, 자신의 삶에 그분을 주인으로 모시는 영접의 과정이 있을 때에야 비로소 하나님의 말씀이 그의 삶에 관여할 수 있는 것이다. 그러므로 교사가 아이들을 맡으면서 가장 먼저 해야 할 일은 구원의 확신과 예수님을 영접했는지를 점검하는 일이라 하겠다. 만일 구원의 확신이 없는 아이가 있다면 무엇보다 먼저 그에게 복음제시를 제시할 수 있어야 한다. 즉, 예수님을 소개하고 그분이 구세주 되심을 증거해야 하는 것이다. 따라서 교사는 아이들에게 복음을 정확하게 제시할 수 있는 능력도 함께 갖추어야 한다. 필요한 아이들에게는 1:1로 복음제시할 기회를 만들어 반드시 예수님을 영접하도록 도와야 한다. 그 다음, 곧 예수 그리스도를 자신의 주인으로 고백하는 믿음을 확인 한 후에 비로소 양육을 시작할 수 있는 것이다.

이처럼 교회교육이 결국 하나님의 말씀으로 이루어지는 것이지만, 하나님과의 관계가 분명히 형성되지 않고서는 그 말씀이 그들에게 잘 전달되지 않을 뿐만 아니라, 혹 오랜 시간

반복되는 과정을 통해 지식적인 전달이 이루어졌다 해도 그 말씀에 순종하는 삶을 살게 하지는 못한다.

(3) 개인의 양육목표를 정하고 로드맵을 만들어라

양육의 중요한 목표는 믿음이 좋은 사람을 만들어 내는 것이다. 물론 믿음이 '좋다', '나쁘다' 고 말하는 것은 다소 표현 자체에 문제가 있기도 할 뿐 아니라, 우리가 일상적으로 이해하는 선에서 믿음을 평가하는 기준 자체가 모호하기도 하다. 교회를 오래 동안 다닌 것, 주일을 잘 지키며 예배를 빠지지 않고 잘 드리는 것, 성경의 지식이 많은 것 등을 기준으로 해서 믿음의 모든 면을 평가할 수는 없는 것이다. 그렇다면 믿음이 좋다는 것은 대체 무엇으로 평가할 수 있는 것인가? 그것은 바로 '순종' 이다. 다시 말해, 하나님의 말씀을 자신의 삶에서 얼마만큼 순종하는 사람인가를 두고 믿음이 좋은지 아닌지를 평가할 수 있는 것이다.

'믿음의 성장' 역시 같은 맥락에서 이해할 수 있다. 우리는 믿음이 크게 성장한 사람을 두고 '믿음이 좋다' 라고 표현하는데, 이는 믿음이 성장한 만큼 하나님의 말씀을 자신의 삶에서 더 많이 그리고 더 적극적으로 순종하기 때문이다. 그러한 사람은 자신을 온전히 하나님께 드리는 헌신의 자리에까지 나아갈 수 있는 것이다.

양육이 결국 하나님 나라를 위한 헌신자를 키워내는 것이 최종적인 목표라면, 그 목표를 이루기까지의 과정 즉, 양육패러다임에 따른 로드맵을 확정하여 양육에 대한 구체적인 계획을 세울 필요가 있다. 예를 들면, 앞에서 제시한 양육패러다임은 아래와 같은 도표처럼 로드맵으로 만들어 볼 수 있을 것이다.

과정	구원의 확신	경건생활의 확립	성품과 삶의 변화	봉사와 리더십	헌신의 삶
목표	예수를 구주로 영접하고 삶의 주인으로 고백하게 함	참된 예배자로 세우며경건생활을 확립하게 함	예수님의 인격과 성품을 닮은 삶을 살게 함	섬김과 봉사를 통한 영적 리더십을 가지게 함	교회와 하나님 나라의 일군으로 헌신케 함
과정설명	복음의 핵심을 소개함으로 구원의 확신을 가지며, 예수님을 삶의 주인으로 고백하게 함.	그리스도인으로서 예배와 개인 경건생활을 확립하고, 교회공동체의 일원으로 자라게 함	그리스도의 인격과 성품을 배우고 익히며, 믿음 안에서 변화된 삶을 훈련한다.	공동체 안에서의 섬김과 봉사를 하며, 영적 리더십을 훈련한다.	헌신의 훈련을 통해 교회와 하나님 나라를 위한 헌신의 자리에 나아가게 한다.
핵심주제	복음제시, 신앙고백	주일성수, 학습과 세례	성령의 열매, 신앙윤리	교회봉사, 공동체 섬김	소명과 헌신
내용	하나님, 예수님, 성령님, 사람, 죄, 구속, 영생, 회개, 심판, 사죄	주일성수, 성경, 기도생활, 교회와 신앙공동체, 성도의 교제, QT	십계명, 성령의 열매, 산상수훈	하나님 나라, 섬김, 봉사, 은사, 비전, 청지기적 삶, 영성	소명(부르심), 순종, 희생, 열정

이 도표를 좀 더 자세히 설명해 보면 다음과 같다.

1) '구원의 확신' 과정

예수 그리스도에 대한 기본적 지식을 가르치는데 초점을 맞추고, 반드시 구원상담 즉, 복음제시를 통한 영접의 기회를 가지게 한다.

① 양육 point 1: 분반공부(활동) 때 굳이 다른 아이들에게 구원의 확신이 없음을 말할 필요는 없고, 꾸준히 예수 그리스도에 대한 성경지식을 가르치면서, '구원상담' 의 기회를 가지기 위해 교사가 개인적인 목표를 가지고 접근하는 것이 좋다. 단, 공과 시간을 통해 예수 그리스도에 대한 정확한 지식을 전달하고, 그에 대한 개인적인 반응을 살펴 '구원상담' 의 시기를 결정해야 한다.

② 양육 point 2: 구원의 확신을 가진 아이들에게는 예수 그리스도께서 내 삶의 주인임을 고백하도록 해야 한다. 구원의 은혜와 감격이 자신의 삶으로 이어져서 주님이 기뻐하시는 삶을 살아야 한다는 결단을 하도록 도와야 한다. 이 고백은 예배와 경건생활로 이어지는 중요한 역할을 하며, 신앙성장에 대한 기대를 가지게 한다.

2) '경건생활의 확립' 과정

우선적으로 주일성수를 하게 함으로 참된 예배자로 세워 가는데 주력하면서, 성경읽기와 개인 기도생활 및 QT를 통해 주님과의 개인적인 교제의 중요성과 유익을 가르친다. 또한 나이가 되는 아이들은 학습과 세례를 받게 함으로 온전한 교회멤버로서 자리잡도록 한다.

① 양육 point 1 : 예배를 가르치는 기회를 가져라(앞의 예배에 관한 내용을 참조). 예배를 통해 그리스도인으로서의 정체성을 확립하고, 예배의 요소에 따른 의미를 가르침으로 예배에 민감하게 반응하는 공동체적 경건생활을 하도록 한다.

② 양육 point 2 : 예배를 통한 공동체적 경건생활과 개인경건생활이 같이 이루어지도록 해야 한다. 가능한 매일 일정 시간 동안 성경읽기와 기도를 하도록 권하라. 또한 QT를 정확하게 가르치고 점검하라. 단, 매 주일 또는 주중에 접촉할 기회가 있을 때, QT를 했는지 안 했는지의 여부보다는 그 시간이 어떠했는가를 묻고, 나아가 다소 어색할 수 있는 아이의 감정을 격려하도록 하라.

3) '성품과 삶의 변화' 과정

그리스도인의 가장 두드러진 변화인 성품과 삶의 변화를 추구한다. 성령의 열매가 성품 가운데 나타나고, 신앙윤리가 확립되어 세상 속에서 하나님 백성이 살아야 할 올바른 삶의 태도를 지니게 한다.

① 양육 point 1 : 예수 그리스도의 인격이 성령의 열매를 통해 자신의 성품 가운데 나타나게 하라. 특히 자신의 상한 마음과 모난 인격이 성령 안에서 말씀으로 치유될 수

있도록 깊은 말씀의 은혜를 경험하게 하라.

② 양육 point 2 : 그리스도인의 신앙인격이 삶 속에 나타나도록, 즉 말과 행실로써 세상에 영향을 줄 수 있도록 성경말씀에 순종하는 삶을 훈련하라.

4) '봉사와 리더십' 과정

자신의 은사를 교회와 공동체를 위해 사용하며 섬기게 한다. 먼저는 그의 섬김을 통해 교회와 공동체가 유익을 얻고, 그로 인하여 영향력을 행사하는 선한 리더십을 가지게 한다.

① 양육 point 1 : 예수님의 섬김을 본받아 자신이 드러나지 않는 낮은 자리에서 공동체와 사람들을 섬길 수 있는 겸손의 리더십을 가르치고, 자신에게 주어진 은사가 무엇인지 알게 하여 그 은사가 공동체와 하나님 나라를 위해 어떻게 사용되어야 할지를 고민하게 하라.

② 양육 point 2 : 성경적으로 균형잡힌 그리스도인으로서 하나님 나라의 안목과 통찰력을 가진 영적 리더십을 위해 개인성경연구(PBS) 및 기독교세계관과 하나님 나라에 대한 스터디를 병행하라.

5) '헌신의 삶' 과정

하나님께서 필요로 하시는 것에 얼마든지 자신을 드릴 수 있는 헌신자로 세우는 과정이다. 직분에 대한 봉사의 차원을 넘어 하나님의 부르심에 대하여 올바로 반응할 수 있도록 돕는다.

① 양육 point 1 : 부르심(소명)을 점검하라. 분위기에 따른 감정이 아니라 거절할 수 없는 은혜의 부르심에 감격하여 반응한 분명한 확신이 있는지 확인해야 한다. 말씀의 인도와 환경을 통하여 이끌어가시는 내적, 외적 부르심을 점검해 주어라.

② 양육 point 2 : 부르심에 반응하는 방법과 과정을 지도하라. 부르심에 순종하기까지 어떤 준비와 과정이 필요한지 깨닫고 아이가 헌신의 자리로 나아가도록 교사가 철저한 지도와 동역의 자세로 돌봐야 한다.

이처럼 한 사람의 자연인이 복음제시와 양육을 통해 하나님 나라를 위한 헌신자로 세워지기까지 분명한 양육의 목표 및 양육을 위한 로드맵이 필요하다. 이미 서론에서 지적했듯이, 오늘날 홍수처럼 쏟아져 나오는 수많은 성경공부교재들이 있고, 또 교단에서 사용하는 공과도 있다. 하지만 그러한 공과들로는 대체 어떤 목표를 가지고 그것들을 가르쳤으며, 또 그것으로 말미암아 어떤 아이들로 양육될 것인가에 대하여 가늠하기 어려운 부분들이 많이 있다. 그러므로 오늘날 우리 교회의 교육 현장은 하루 속히 목표가 분명한 양육이 이루어지도록 하는 것이 급선무이다. 그럼으로써 교사가 아이들에 대한 비전을 가지고 양육에 전념할 수 있으며, 양육과정에 있어 나타나는 어떤 어려움도 소망 가운데 참고 견딜 수 있는 것이다. 양육의 목표와 로드맵을 각 교육기관에 적용하는 것에 대해서는 이 단원 뒤에 나오는 〈참고 2〉에 설명되어 있다

(4) 양육을 위해 성경을 정확하게 가르치라

이제부터 양육이 본격적으로 이루어지도록 하기 위해 중요한 과제를 풀어야 한다. 그것은 양육의 핵심인 성경을 가르치는 일이다. 다시 강조하건대, 믿음의 성장, 곧 한 자연인이 복음을 받은 후 하나님 나라의 헌신자로 세워지는 양육과정에 있어 가장 중요한 것은, "성경을 어떻게 가르칠 것인가?"의 문제이다. 교사들은 자신이 아이들에게 성경의 진리를 얼마나 정확하게 가르치는가에 따라 양육의 결과가 달라질 수 있음을 항상 기억해야 한다.

성경을 가르치는 것은 크게 두 가지로 구분할 수 있다. 하나는 성경본문 자체를 가르치는 것이고, 다른 하나는 성경에 나타난 교리를 가르치는 것이다. 이 두 가지에 있어서 성경을 정확하게 가르친다는 것은, 전자의 경우는 성경의 진리를 논리

적으로 잘 전달할 뿐 아니라 해석상으로도 오류가 없어야 한다는 것이고, 후자의 경우는 올바른 신앙고백을 가르친다는 것이다.

서론에서도 지적했듯이, 우리가 사용하는 교재들은 필요에 따라 적절하게 사용할 수 있는 것들도 있지만, 한편으로 비록 편집과 모양은 좋아 보일지 모르나 성경을 깊이 있게 연구하지 못하여 성경의 진리를 올바로 가르칠 수 없는 교재가 걸러지지 않은 채 사용되기도 한다. 예컨대 공과의 내용이 제시된 성경본문과 맞지 않는 주제를 다루고 있는가 하면, 잘못된 성경 해석, 또는 예화나 적용이 주제나 결론에 맞지 않는 내용으로 제시되고 있는 것 그리고 성경의 여러 주제들에 대하여 올바른 신앙고백이 아닌 잘못된 교리를 제시하고 있는 것 등이 그것이다. 따라서 여기서는 "성경을 어떻게 가르칠 것인가?"에 대하여 다음 세 가지 지침들을 제시하려고 한다.

1) 성경말씀이 익숙해지도록 먼저 성경읽기와 암송을 가르쳐야 한다

성경을 가르치는 첫 걸음은 무엇보다 아이들로 하여금 성경에 익숙하도록 만드는 것이다. 앞의 유대인의 교육에서도 언급했듯이, 유대들은 아이를 잉태한 때, 즉 아직 태아가 미동도 하지 않는 상태에서부터 성경과 관련된 삶을 시작하게 한다.

그리고 아이가 태어나면 본격적으로 성경을 들려준다. 이처럼 나중에 스스로 읽고 배울 수 있을 때까지 지속적으로 성경을 가까이 하게 함으로 성경에 익숙한 상태를 만들고 그런 상태에서 성경의 내용을 배우게 한다. 우리 교회교육에 있어서도 그와 같은 과정이 필요하다. 그래서 내가 우리 교회교육에 있어 무엇보다 제안하고 싶은 것은 '태아부'를 만드는 것이다. 이는 임산부들을 위한 교육과정으로, 기본적으로는 태교를 위한 프로그램을 운영하는 것이지만, 아이를 잉태한 어머니가 편안한 상태에서 성경을 듣고 읽음으로써, 태아에게 영적인 은혜와 평강이 전해지도록 하는 것이다.

유치부와 이해력이 발달하지 못한 저학년들에게는 다양한 방법을 동원해서 아이들로 하여금 성경말씀이 그들의 눈과 귀에 익숙해지도록 도와주어야 한다. 공과의 내용도 성경읽기를 중심으로 성경퀴즈나 성경암송 등 다양한 프로그램을 만들어 성경 자체에 대한 관심과 지식을 우선적으로 갖도록 하는 것이 좋다. 요즘은 멀티미디어를 이용해 가시적 효과를 주는 설교와 성경공부가 발달되어 많은 교회에서 사용되고 있다. 그런데 이는 아이들에게 성경말씀에 대한 관심을 끌게 할 수는 있을지 몰라도, 그로 하여금 하나님의 말씀 앞에 스스로 나아가게 하기 위해서는 또 다른 노력을 필요로 한다.

따라서 설교와 공부 시간 외에도 평소 가정에서 스스로 성경을 대할 수 있도록 동기를 부여해야 한다. 그래야 성경을 대하는 시간이 많아지고, 그럼으로써 아이들이 성경의 이야기가 아닌 성경 말씀 자체에 익숙해질 수 있다. 물론 높은 이해력을 가진 고학년 아이들에게 있어서도 성경읽기는 아무리 강조해도 지나치지 않는다. 왜냐하면 지식이 많아지고 이해력이 높아질수록 성경읽기를 통해 말씀 자체로 오는 은혜가 더 크게 역사하기 때문이다.

요즈음 안타까운 일은 한국교회의 오랜 전통 중 하나인 '성경암송대회' 가 교회에서 점점 사라져가는 추세에 있다는 사실이다. 이는 아이들에게서 공부의 시간을 빼앗지 않기 위함이라고 한다. 하지만 우리는 지혜의 근본이신 하나님의 말씀을 아이들의 입과 마음에 항상 머물러 있게 하는 것이 얼마나 복되고 유익한 것인지를 다시 한 번 돌이켜 볼 필요가 있다. 그런데 이보다 더 안타까운 것은 성경말씀이 아이들의 마음에 자리하지 못함으로 성경을 배우는 일이 마치 또 다른 세상 지식을 배우는 것처럼 되어 버리는 것이다. 그러므로 아이들이 성경을 깊이 있게 배우고 그 믿음이 성장하기 위해서는 우선적으로 성경말씀을 늘 그들의 입과 마음에 둘 수 있도록 성경에 익숙한 아이들로 만들어 가야 한다.

2) 성경의 진리를 올바로 전달해야 한다

교사는 성경의 진리를 올바로 전달할 사명을 가진 사람이다. 때문에 교사는 우선적으로 성경본문을 다루는 능력이 있어야 한다. 어쩌면 일부 교사들은 주어진 성경공부교재 또는 공과를 아무런 연구나 준비 없이 그저 아이들과 함께 읽고, 함께 문제를 풀고, 내용을 설명해주는 정도에 급급해 있을 수 있다. 그러나 아이들의 양육목표를 정하고 가르쳐야 할 내용을 알고 있는 교사들은 주어진 교재를 점검하는 과정이 필요하다는 것을 안다. 따라서 그는 교재 전체의 구성은 물론 주어진 성경본문을 연구하여 성경에 나타난 진리와 교훈을 찾아내거나 검증하는 작업이 반드시 수행할 것이다.

그러므로 교사는 성경본문을 다룰 수 있는 개인적인 훈련은 물론, 다른 교사들과 소그룹 스터디 등을 통하여 서로 도와가며 성경을 가르칠 능력을 소유하기 위해 최선을 다해 노력해야 한다. 실제적으로 성경을 가르치는 구체적인 방법에 대해서는 이 단원 뒤에 나오는 〈참고 3〉에서 도움을 얻을 수 있을 것이다.

3) 성경공부교재(공과)의 선택과 사용법을 올바로 훈련해야 한다

교사들이 교회에서 성경을 가르칠 때 성경만을 가지고 가르치지 않고 효율적으로 가르치기 위해서 성경공부교재(또는 공과)를 사용한다. 하지만 교사는 아이들을 가르치는 주 교재(text)는 언제나 성경임을 잊어서는 안 된다. 교사는 성경을 가르치는 직분을 가진 사람이기 때문에 성경에 능통하기 위해 많은 노력을 기울여야 한다. 성경공부교재에 대해 이야기할 때는 이것은 당연히 전제되어야 한다. 성경공부교재(이하 공과)는 성경을 가르친다는 맥락에서 그 선택과 사용법을 알고 훈련해야 한다. 다시 말해, 양육할 대상에 따라 교재를 바르게 선택하고, 또 공과를 사용함에 있어서 성경의 주제와 내용을 정확하게 전달하기 위해 공과의 구성과 내용을 바르게 살피고 점검할 수 있어야 한다는 것이다.

그러나 무엇보다 중요한 것은 양육의 목표를 이룰 수 있는 교재를 선택하고 사용하는 것이다. 여기에는 두 가지 경우의 선택이 있다. 먼저 앞에서 언급한 양육의 목표와 로드맵에 적합한 교재를 선택했을 경우는 공과의 사용법을 훈련할 필요가 있고, 반대로 성경을 잘 연구하여 만든 교재를 선택했을 경우는 로드맵에 따른 공과 내용을 선택하여 사용할 필요가 있다. 결국 이 두 가지 선택에 있어 핵심은 '성경을 바로 가르친다'는 것이다. 즉, 앞의 것은 공과의 내용을 선택했기 때문에 성경을 가르칠 공과의 올바른 사용법을 알아야 하는 것이고, 뒤의 것은 성경을 바로 가르칠 수 있는 교재를 선택했기 때문에 많은 교재들 가운데 필요한 내용을 찾아서 양육목표를 이룰 수 있도록 편집된 공과를 만들어 사용해야 하는 것이다.

교재의 선택과 사용방법에 따른 경우를 몇 가지 소개하겠다.

<case 1> **로드맵의 내용을 선택한 경우 – 보완사용방법**

어느 교단 공과 '하나님을 닮아가는 삶' 교재는 전체적으로는 로드맵의 내용을 만족시킬 수 없지만, 그 중 한 권은 '경건생활의 확립' 과정, 즉 예배와 경건생활 그리고 성경묵상과 기도에 대한 내용이 담겨져 있어 그 과정을 가르치는 교재로 선택할 수 있다. 하지만 공과의 구성에 있어 내용이 빈약하고 성경구절에 대한 해석과 설명이 충분하지 못함으로 가르치고자 하는 내용들을 만족스럽게 전달할 수는 없다. 한 과정을 가르치기 위한 교재로 선택할 수는 있지만, 내용을 부분적으로 바꾸거나 보완하는 방법을 사용해야 하는 것이다. 따라서 주제에 대한 좀 더 자세한 내용을 다른 교재나 서적을 통해 보완하고, 제시된 성경구절에 대한 연구와 해석도 추가해야 한다.

<case 2> **성경연구가 잘된 교재를 선택한 경우 – 교재편집방법**

본문 성경공부교재는 성경연구가 잘 되어 있는 반면, 한 과정 전체를 가르치는 교재로는 내용이 부족하다. 에베소서 본문 성경공부교재인 '함께 지어져 가느니라'와 같은 교재의 경

우, 성경연구가 잘 되어 있고, '경건생활의 확립' 과정에도 적합하지만, 내용적으로 그 과정 전체를 만족시킬 수는 없기 때문에 개인경건생활 및 말씀묵상과 기도에 대한 다른 교재들을 찾아서 편집함으로 과정의 내용을 완성할 수 있다.

<case 3> **주제별 교재의 경우 – 내용발췌방법**

웨스트민스터 신앙고백서와 대소교리문답서에는 '구원의 확신' 과정에서 다루는 거의 모든 주제들이 담겨 있다. 따라서 신앙고백서나 교리문답서 전체보다는 그 과정에 해당하는 내용만을 발췌해서 교재로 만들 수 있다. 딱딱하게 번역된 것 외에 아이들이 쉽게 읽을 수 있는 책으로 나와 있거나 성경공부식으로 만들어진 교재도 있어 필요한 부분을 선택하여 가르칠 수 있다.

(5) 교사를 훈련하라

지금까지 교회교육에 있어 양육을 위한 핵심적인 지침들을 살펴보았다. 다시 한 번 열거해 보면, "양육은 아이들과의 면담으로부터 시작하라", "복음제시는 분명히 이루어져야 한다", "개인의 양육목표를 정하고 로드맵을 만들어라", "양육을 위해 성경을 정확하게 가르치라" 등이다. 이 지침들을 자세히 살펴보면, 구원상담, 면담을 통한 로드맵 만들기, 성경을 가르치는 것 등 교사의 역할이 단순한 가르침만이 아님을 알 수 있다. 그야말로 교사란 아이들을 만나서 그들의 영적, 환경적 상황들을 파악하고, 그에 따른 양육계획을 세우고, 그들을 가르쳐야 할 것들을 준비하는 일에 있어 훈련되지 않으면 안 되는 직분이다. 특히 성경을 가르치는 일에 있어 교사 자신이 힘써 준비하지 않으면, 가르치는 것이 어려운 것은 물론이거니와 아이들의 영적 성장에도 많은 지장을 주게 된다는 점을 알아야 한다. 따라서 교사는 이 직분을 감당하기 위해 체계적인 훈련과 다양한 개인적인 노력들을 기울여야 한다. 교사훈련을 위한 교회 전체적인 체계적인 훈련에 대해서는 뒤에 언급하기로 하고, 여기서는 양육지침을 위한 몇 가지 내용만 다루기로 하겠다.

1) 복음제시 훈련

교사는 아이들 중 누구라도 복음을 듣지 못한 이들에게 언제든지 복음을 제시할 수 있어야 한다. 이는 양육에 앞서 아이들에게 구원의 확신 여부를 확인해야 하는 것으로, 앞에서 언급한 대로, 하나님의 자녀에게 믿음의 성장이 필요하며, 복음을 들은 자만이 하나님의 자녀됨을 확인할 수 있기 때문이다. 또한 아이들의 전도는 많은 경우 복음을 제시하지 않은 상태에서 단지 친구를 따라 교회에 온 경우가 많기 때문에, 사실

'전도' 라는 말보다는 '초청' 이라고 볼 수 있다. 이렇게 초청되어 온 아이들에게는 복음제시가 필요하다.

복음제시는 교사가 훈련을 통해 복음의 내용을 숙지하고 있어야 가능하다. 복음제시를 훈련하는 가장 일반적인 방법으로는 '4영리', '다리 전도법', '글없는 책', '전도폭발' 등 오래 동안 사용되어 온 것들 중 하나를 선택하여 훈련을 받는 것이고, 그 외 다른 방법으로는 '복음' 또는 '구원' 을 주제로 한 책을 통해 복음의 내용을 잘 정리해서 전할 수 있도록 스스로 준비하는 것이 있다.

2) 성경연구

다시 언급하건대, 교사는 성경을 가르치는 직분이다. 그 이유에 대해서는 이미 앞에서 언급하였다. 따라서 교사는 어떻게 해서든지 성경을 잘 다룰 수 있는 능력을 갖추기 위한 훈련을 해야 한다. 이를 위해 PBS(개인성경연구)에 대한 책을 구입해서 개인적으로 성경을 연구하는 것도 좋은 방법이긴 하지만, PBS나 '귀납법적 성경연구' 등의 세미나에 참여하여 집중적으로 훈련받는 것이 보다 효과적인 방법이라 하겠다. 그러나 PBS는 한 두 번의 책을 읽거나 강의를 듣는 것으로 되는 것이 아니다. 그것은 지속적인 노력을 필요로 한다. 따라서 적어도 1-2개월 정도의 기간 동안 집중해서 매일 훈련을 하게 되면,

다소 개인적인 차이는 있을지 몰라도 어느 정도 성경연구에 대한 틀을 잡을 수는 있을 것이다. 아울러 성경을 이해하기 위한 '성경강해 세미나' 또는 '성경파노라마' 등 조금의 관심과 시간만 투자하면 손쉽게 배울 수 있는 기회들도 많다.

여기에 한 가지 교회에서 할 수 있는 TIP을 제공하자면, 바로 교사 소그룹을 운영하는 것이다. 몇몇 교사들이 소그룹을 만들어 처음에는 교역자 또는 PBS에 익숙한 교사를 모시고 도움을 받아 시작하다가 어느 정도 틀이 잡히게 되면, 교사들끼리 같은 본문을 가지고 서로 의견을 나누며 도움을 받는 형태로 운영할 수 있다. 이 때 같은 성경공부교재를 사용하는 교사들끼리 소그룹을 만들면, 더 효율적으로 성경연구가 이루어질 수 있다.

〈참고 1〉 간단한 구원상담 방법

구원의 여부를 확인하는 간단한 방법은 먼저 구원의 메시지에 대해 확인하는 과정과 복음에 대한 반응을 살피는 것이다. 구원상담은 반드시 1:1 면담을 통해 하게 되는데, 다음 4가지 질문을 통하여 아이의 구원의 확신 여부를 확인할 수 있다.

질문 1 예수 그리스도는 누구신가? (구원의 주체가 누구인가를 아는지 확인)
질문 2 예수님이 '나'의 구세주이심을 믿는가? (예수님을 '나'의 구세주로 고백하는지 확인)
질문 3 예수님으로 인해 죄 용서 받았음을 믿는가? (죄에서 해방된 기쁨이 있는지 관찰)
질문 4 그로 인해 천국에 갈 수 있는가? (믿음의 궁극적인 목표 의식 확인)

위의 질문 1에서 4까지의 질문들을 차례로 하되, "예수 그리스도가 누구인가?"(질문1)에 대하여 아이가 대답하기가 어려워 보이면, 마치 복음을 제시하듯이, 예수님에 대하여 그리고 예수님의 구속에 대하여 차근차근 설명을 해준다. 이 과정에서 주의할 점은 대답을 못한다고 해서 구원의 확신이 없다고 단정해서는 안 된다는 것이다. 아이가 예수님에 대한 이야기를 들을 때, 자신이 알고 믿는 분이 바로 그 예수님이라고 정확하게 반응하는지를 살펴야 한다. 질문 2부터는 아이에게 분명한 대답을 요청해야 한다. 비록 복음을 알고 있지는 못해도, 질문을 통해 복음을 제시했을 때 이를 받아들이고 분명한 대답을 한다면, 구원의 확신이 있다고 볼 수 있다.

구원상담의 마지막(질문 4)은 천국 소망을 가진 자로서의 모습을 확인시켜주고, 다음 단계인 양육과정에 스스로 참여할 수 있도록 해주어야 한다. 단, 주의해야 할 부분은 아이들은 구원의 확신이 있어도 천국 소망에 대한 부분은 대답하기 쉽지 않다는 것이다. 이는 성경지식의 부족 때문이므로 양육을 통해 천국 소망을 가질 수 있음을 말해주고 실망하지 않도록 격려해 줄 필요가 있다.

〈참고 2〉 로드맵의 기관별 적용

양육의 목표와 로드맵을 각 교육기관에 적용하는 면에 있어서는 아이들마다 개인적인 차이가 존재하기 때문에 일률적이지는 않다. 단지 적용의 폭을 설정하는 부분에 있어서는 다소 개연성을 부여하고, 신앙적인 평균치를 적용하여 기관별로 제시하려고 한다.

먼저 이러한 양육과정에 있어 반드시 해야 할 일은 '개인양육카드'를 작성하는 일이다. 교회에 발을 들여놓은 이후, 양육을 받는 동안에는 그 아이에 대한 양육의 과정을 한 눈에 볼 수 있는 '개인양육카드'를 작성해야 한다. 그리고 매년 새로운 학년과 과정으로 넘어가기 전에 한 해의 양육에 대한 평가를 하고, 그에 따라 새로 로드맵을 작성하고 새로운 과정목표를 설정해야 한다(개인양육카드의 견본은 부록에 첨부).

1) 유치부

유치부에 속한 아이들은 대체적으로 '구원의 확신'과 '경건생활의 확립'의 전(前)단계 범위에서 목표를 설정할 수 있을 것이다. 왜냐하면 아직 학습에 대한 인지능력이나 자신에 대한 인식능력에 있어 부족하기 때문이다. 따라서 '구원의 확신'에 있어서는 구원의 주체이신 삼위 하나님을 중심으로 기초적인 교리를 가르치면서 하나님의 존재에 대한 인식을 심어 줄 수 있어야 하며, '경건생활' 에 있어서는 공동체적인 예배를 통한 기초경건생활 즉, 말씀을 듣고 함께 기도하는 초보적인 믿음을 가르칠 수 있어야 한다. 특히 성경말씀을 듣고, 암송하게 하면서 성경말씀에 친근해질 수 있게 하는 것이 중요하다. 물론 유치부라 해서 구원의 확신이 불가능하다고 단언할 수는 없으므로, 이해능력이 남다른 아이들에 대하여는 복음제시를 시도해 볼 수도 있다.

2) 유년부(초등 1-3)

유년부는 '구원의 확신' 과 '경건생활의 확립' 은 물론, '성품과 삶의 변화' 과정까지를 일반적인 목표로 하지만, 개인적인 믿음의 성장에 따라 극히 일부 아이들에게 '봉사와 리더십' 을 가르칠 수도 있다. 이들은 언어적인 인지가 가능한 아이들이므로 복음제시를 통한 구원의 확신이 가능하며, 경건생활에 있어서도 능동적인 예배생활은 물론, 개인의 의지로 성경을 읽고, 기도 시간을 가지게 하여 개인경건생활의 기반을 세우도록 해야 한다.

3학년 정도면 자신의 감정을 성경말씀에 비춰 옳고 그름을 판단할 수 있기 때문에 예수 그리스도의 인격이 성령의 열매로서 그 삶 속에 형성될 수 있다. 좀 더 나아가 일부 아이들에게는 공동체를 섬기며, 다른 친구들과 동생들의 믿음을 리드할 수 있는 기회를 가지도록 한다.

3) 초등부(초등 4-6)

초등부 역시 '구원의 확신' 부터 '성품과 삶의 변화' 과정까지를 일반적인 목표로 삼고, 6학년을 중심으로 '봉사와 리더십' 과정을 확대할 수 있다. 특히 유년부의 과정을 거쳐 온 아이들은 '구원의 확신' 과정에서 예수 그리스도를 삶의 주인으로 모시는 삶을 분명하게 고백할 수 있도록 해주고, '경건생활의 확립' 에 있어서는 성수주일과 예배생활 확립은 물론, 매일 성경을 읽고 기도하는 개인경건생활이 분명히 자리잡을 수 있도록 가르쳐야 한다.

여기까지의 과정을 충실하게 거친 6학년 아이들은 자신의 은사를 중심으로 봉사의 기회를 주어 유초등부 예배와 공동체를 믿음으로 섬기는 것을 가르치되, 초보적인 리더십인 만큼 사랑과 겸손 그리고 기도와 봉사로 공동체를 섬기는 법을 가르치는 것이 중요하다.

이들 중에는 성경학교 또는 비전트립 등의 신앙적인 동기에 의해 '헌신의 삶' 의 단계까지 믿음을 고백하는 아이들도 간혹 나올 수 있다. 이 때 이들의 헌신고백을 결코 얕보거나 무시해서는 안 되며, 교사의 특별한 지도와 관리가 필요하다.

4) 중등부

중학교에 와서 믿음을 시작한 아이들은 유초등부와 같이 '구원의 확신'과 '경건생활의 확립' 그리고 '성품과 삶의 변화' 과정을 순차적으로 양육하고, 유초등부에서 넘어온 아이들은 유초등부 시절의 '개인양육카드'를 참고하여 개인별로 양육의 목표를 정해야 한다. 일반적으로 중등부에서는 초등부와는 한 단계 높은 수준의 신앙고백과 경건생활 및 '성품과 삶의 변화' 과정을 요구해야 한다. 왜냐하면 아이들이 초등학생 시절보다 더 풍성해진 물질생활과 다양한 문화생활을 누리게 되면서 개인적인 욕망과 욕구가 더 많아졌기 때문에, 이를 통제(control)할 수 있는 성숙한 신앙의 고백과 삶이 필요한 것이다.

이미 자신의 은사를 통해 봉사를 하는 몇몇 아이들과 고등학교라는 진학의 선택이 주어지는 시기에 있는 3학년들은 자신만의 신앙적 세계관을 확립하고, 세상을 어떻게 살 것인가에 대한 해답을 가질 수 있도록 도와야 한다. 따라서 일반적으로 중등부에서는 '봉사와 리더십'까지를 목표로 하되, '성품과 삶의 변화' 과정에 있어서는 내용상으로 초등부보다 더 밀도 높은 신앙을 가르쳐야 한다.

중등부부터는 수련회 또는 비전트립의 기회가 많아지면서 특별한 은혜를 체험하는 가운데 헌신을 고백하는 아이들이 나타날 수 있다. 이들에게는 '헌신의 삶' 과정에서 다루는 내용인 부르심(소명)과 응답, 그리고 헌신의 준비과정 등을 설명하는 한편, 아직 헌신의 때까지 많은 기간이 있음을 말해 주어야 한다. 이들은 곧 양육의 열매로서 교회의 면류관으로 자랄 아이들이기 때문에 특별한 지도와 관리를 해주어야 한다.

5) 고등부

고등부 역시 중등부와 마찬가지로 '봉사와 리더십' 과정까지를 목표로 하되, 전체적인 내용에 있어서 중등부보다 신앙의 성숙도를 더 높여서 양육목표를 정해야 한다. 특히 '봉사와 리더십'에 있어서 그들이 대학 또는 사회로 진출하는 이들인 만큼 성경적 세계관과 하나님 나라의 안목을 가지게 하는 것이 대단히 중요한 일이다. 지식적인 스터디도 중요하지만, 본받을 만한 인물에 대한 직 · 간접적인 만남을 통해 함께 세계관을 나누고, 신앙선배들의 안목을 배우게 하는 시간을 많이 가짐으로써 실질적인 양육이 이루어지도록 하는 것도 중요하다.

고등부에서 헌신을 고백하는 친구들에게는 대학에서 전공할 학과를 정하는 것과 이 후의 구체적인 헌신자로서의 준비를 어떻게 지도하느냐가 대단히 중요하다. 특히 입시를 앞두고 개인경건생활 같은 기초신앙, 주일성수와 예배생활에 대한 점검은 부르심(소명)을 확인하고 유지하게 하는 필수적인 사항이기 때문에 철저하게 이루어져야 한다.

6) 대학부

대학부는 교육기관의 마지막 과정인 만큼 그 동안의 양육 내용과 수준에 있어 최종적인 목표를 부여해야 한다. 다시 말하면, '구원의 확신' 에서부터 '헌신의 삶' 에 이르기까지 모든 내용을 다 양육하여 믿음으로 성숙한 그리스도인의 모습을 보여줄 수 있도록 해야 한다. 이를테면 날마다 구원의 감격이 있고(구원의 확신과정), 긴밀한 주님과의 교제를 통해 매일 매일의 삶을 주의 인도하심 가운데 행하고(경건생활의 확립과정), 예수님의 성품과 인격을 닮은 모습으로 말과 행실로 선한 영향력을 나타내고(성품과 삶의 변화과정), 자신의 은사를 통해 교회와 공동체를 이끌고 섬기며(봉사와 리더십과정), 그리고 하나님의 부르심에 순종하여 기꺼이 헌신의 자리로 나아가는(헌신의 삶) 그리스도인의 모습을 볼 수 있어야 한다는 것이다.

〈참고 3〉 성경을 가르치는 구체적인 방법

성경을 가르친다는 것은 "성경의 진리를 어떻게 아이들에게 잘 전달하는가"의 문제이다. 하나님께서는 우리에게 성경을 인간문명을 대표하는 '언어'로 주셨기 때문에, 교사 자신이 성경을 이해하기 위해서나 성경을 가르칠 때 어문학적 방법을 사용하는 것은 지극히 당연한 것이다. 특히 성경을 가르치는 방법에 있어 아이들이 성경의 내용을 잘 이해할 수 있도록 일반적인 논리 전달법을 사용하는 것이 좋다. 따라서 우리가 흔히 쓰는 논리전개 방식인 서론, 본론, 결론에 '적용' 부분을 첨가하여 성경을 가르칠 수 있다.

1) 〈서론〉 도입 – 관심 끌어내기

서론은 도입부분으로서 성경본문의 주제에 대한 관심과 제기되는 문제에 대하여 생각을 모아 아이들의 마음을 끌어내면서, 본론에서 전개될 내용을 들을 준비를 하게 만드는 역할을 한다. 그러기 위해 우선 적합한 예화를 통해 그 본문 속의 주제와 제기된 문제가 아이들이 살고 있는 현실에서도 중요한 것임을 보여주는 것이 좋다. 서론에서 무엇보다 중요한 것은 단지 주제를 말하고, 문제를 제기하는 것에서 그쳐서는 안 된다는 것이다. 그와 동시에 학생들로 하여금 그 주제가 어떠한 맥락 안에서 의미를 갖는 것인지를 제시해줌으로써 본론에서 다루게 될 주제의 핵심을 향해 나아갈 수 있도록 방향성을 제시해 줄 수 있어야 한다. 방법의 문제에 있어서는 아래 제시한 몇 가지 서론의 유형을 참고하라. 그리고 집중력과 이해를 돕기 위한 그림 또는 동영상, 파워포인트 등의 시각자료 그리고 공동활동이나 역할극 등을 통해 주제를 제시하면, 아이들의 관심을 효과적으로 이끌어낼 수 있을 것이다.

서론의 유형에는 다음의 6가지를 많이 사용한다. 이해를 돕기 위해 마 25:14-30의 달란트 비유를 본문으로 '충성(심)' 이라는 주제어에 초점을 맞춰 여러 유형에 대한 공통의 예로서 설명하기로 하겠다.

① 문제를 제기하면서 시작하는 방법

가장 많이 이용되는 것으로, 보여주고자 하는 문제 요소를 바로 제시하면서 성경공부를 시작하는 방법이다. 이러한 방법은 관심과 흥미를 불러일으키기 적절할 뿐만 아니라, 앞으로 전개될 주제의 전개 방향을 분명하게 밝힐 수 있다는 긍정적 측면이 있다.

예) 우리는 자신에게 주어진 역할을 잘 감당하고 싶어합니다. 그러나 언제나 그렇게 하지 못하는 것이 사실입니다. 자신의 역할을 잘 감당하는 것과 그렇지 못한 것에는 어떤 차이가 있으며, 그들에게는 각각 어떤 결과가 주어질까요?

② 개념이나 용어를 정의하면서 시작하는 방법

개념이나 용어를 정의하면서 시작하는 방법은 주제의 개념이나 용어가 아이들에게 생소한 것이거나, 교사 나름대로 새롭게 정의를 내림으로써 성경공부 전체를 이끌어가야 할 경우에 사용한다.

예) '충성'이라는 말은 '마음 중심에서 우러나오는 최고의 마음'이라는 뜻입니다. 따라서 하나님께 충성된 사람은 '하나님의 뜻을 잘 알아서 하나님께 최고의 마음을 드릴 수 있는 사람'이라고 말할 수 있습니다. 오늘 달란트 비유에서는 충성된 사람과 그렇지 못한 사람이 어떤 사람인가를 보여주고 있습니다.

③ 학생들의 관심을 자극하는 질문을 던지면서 시작하는 방법

질문을 던지면서 성경공부를 시작하는 방법은 아이들의 호기심을 불러일으키고 문제점을 명쾌하게 제시할 수 있는 장점이 있는 반면, 자칫 초점이 흐려질 수 있다는 단점이 있다. 따라서 질문을 던질 때에는 주제를 이끌어내기 위한 질문이라는 사실을 염두에 두어야 한다.

예) 동네에 있는 DUNKIN DONUT 가게에서 도넛을 사서 친구들과 함께 먹으려고 하는데 갑자기 엄마의 호출이 왔습니다. 그래서 자기가 먹을 것을 놔두고 가게 되었습니다. 분명히 갔다 오면 다 없어질 게 뻔하므로 누군가에게 자기 몫을 맡기고 가야 합니다. 누구에게 맡기겠습니까? 그렇습니다 가장 믿을만한 친구에게 맡겨야 합니다. 이처럼 하나님은 하나님의 일을 맡길 가장 믿을 만한 충성스러운 사람을 찾고 계십니다.

④ 인용을 하면서 시작하는 방법

남의 말이나 글을 인용하면서 글을 시작하는 방법이다. 이야기를 할 때 우리는 흔히 자신의 주장이 옳음을 설명하기 위해 남의 글이나 말을 인용하는데, 특히 주제가 추상적일 경우 서두에 주제와 의미상 연관이 있는 사례를 인용하면 효과적일 수 있다.

예) 6.25 동란 때 맥아더 장군은 적의 포화가 쏟아지는 가운데 서울 흑석동 언덕에 올라가 한강 이북의 전황을 목격하였습니다. 그때 후퇴하지 않고 참호 속에 남아 있던 어느 한국군 이등병에게 맥아더 장군이 물었습니다. "자네는 왜 후퇴하지 않나?" 이등병이 대답했습니다. "상관의 후퇴 명령이 없습니다. 명령이 있기 전에는 이 참호를 지켜야 합니다." 맥아더 장군이 물었습니다.

"훌륭하다. 자네 무슨 소원이 없는가?" 한국군 이등병이 대답하길 "저한테 총과 총탄을 주십시오." 맥아더 장군이 다시 물었습니다. "그럼 지급하고 말고, 그런데 자네 다른 소원은 없는가?" 한국군 이등병이 대답하였습니다. "없습니다!" 맥아더 장군은 너무 감격하여 전속부관에게 말했습니다. "우리의 모든 전력을 동원하여 이 나라를 지켜야 한다." 그날 이후 일본에 주둔하고 있던 미군의 전투력이 한국으로 집중 배치됐고, 얼마 지나지 않아 인천상륙작전이 수행되어 서울 수복이 이루어졌습니다. 이러한 병사들의 충성심이 우리나라를 위기에서 구한 것입니다.

⑤ 역사적인 사례나 시사적인 사례를 제시하며 시작하는 방법

최근에 일어난 사건이나 역사적 사건을 인용하면서 관심을 끄는 방식이다. 이러한 사례는 그 자체로 중요한 것이 아니라 이야기 전개의 적절한 실마리로 이용될 때 의미가 있다.

예) 인기가 아주 많은 연예인이 군대에 가는 장면이 가끔 매스컴에 보도됩니다. 반면 거짓 진단서를 끊어서 군대에 가지 않으려고 하다가 적발되어 억지로 군대에 끌려간 연예인도 있습니다. 칭찬하면서 잘 다녀오라고 격려하며 보내는 연예인과 비난하면서 가서 고생이나 실컷 하라고 욕하며 보내는 연예인, 왜 이런 상반된 일이 일어났을까요? 바로 국가에 대한 '충성심'이 있는

가 없는가의 차이입니다. 국가에 충성하는 연예인을 좋아하는 것은 당연합니다. 마찬가지로 하나님은 그분의 백성들이 하나님께 충성하기를 원하십니다.

⑥ 성경공부의 핵심적인 결론을 미리 제시하면서 시작하는 방법

성경공부에서 말하고자 하는 중심 생각을 먼저 제시하면서 시작하는 방법으로 성경공부의 방향을 분명히 할 때 매우 효과적인 방법이다. 이러한 방법은 본론에서 다양한 증거를 제시함으로써 주제에 대한 철저한 타당성을 확보할 수 있도록 유의해야 한다.

예) '충성심'은 하나님께서 기뻐하시는 마음입니다. 왜냐하면 하나님은 당신의 일을 위해 충성을 다할 수 있는 사람을 찾으시고, 사용하시기 때문입니다. 그럼 오늘 성경말씀에서는 이 충성심을 어떻게 설명하고 있는지 살펴봅시다.

2) 〈본론〉 본문 전달 그리고 묵상 – 주제의 내용을 확실히 이해시키기

최근 스토리텔링(storytelling)에 관한 관심이 높아지고 있다. 스토리텔링은 마케팅기법의 하나로 사람들로 하여금 재미

와 흥미를 불러일으켜 사람의 마음을 움직이는 방식이다. 본론을 구성함에 있어 가장 힘써야 할 부분은 성경본문의 내용이 충분히 전달되어야 한다는 것이다. 왜냐하면 성경말씀을 듣는 아이들로 하여금 흥미를 유발시킬 뿐만 아니라 그들의 마음을 움직여 하나님께로 나아가고 그 말씀에 순종하게끔 만들어야 하기 때문이다. 그래서 본론은 핵심적인 내용으로 이끌어가는 전개의 요소와 강조점을 통해 핵심적인 내용을 드러내는 절정의 요소로 구성되어 있다. 전개의 과정에서 특히 주의해야 할 점은 본문을 벗어나지 않은 사실에 근거하여야 하며, 주제와의 연관성에서 이탈하지 않도록 질서 있게 나열해야 한다는 것이다. 다시 말하면, 성경의 본문을 충분히 분석하고 이해해서 성경에서 말하고자 하는 중심 내용을 정확하게 끄집어 낼 수 있어야 한다는 것이다.

교사는 성경말씀을 아이들이 논리적으로 이해할 수 있도록 전달하는 것도 중요하지만, 단어나 표현이 추상적이거나 어렵지 않고 손에 잡히도록 쉽게 전달할 수 있어야 한다. 성경에 나오는 인물이나 지명 그리고 어른들도 이해하기 어려운 표현들은 물론이거니와, 때로는 어른들이 은혜롭게 사용하는 말일지라도 아이들에게는 와 닿지 않는 표현들이 있다. 예를 들면 에녹의 이야기를 하면서 '하나님과 동행한다' 는 말이 어른들에게는 무척 은혜롭게 사용되고 있지만, 아이들에게는 잘 이해되지 않는 표현일 수 있다. 어른들은 하나님께서 내가 가는 모든 길에서 나를 지켜주시고 인도해 주시기 때문에 나도 하나님과 동행하는 삶을 살아야 한다고 받아들일 수 있지만, 아이들에게는 눈에 보이지 않는 하나님이 어떻게 나와 동행하시고, 또 내가 어떻게 하나님과 동행할 수 있는지 그 의미를 파악하기가 쉽지 않다는 것이다. 또 다른 예로서 다윗의 시 중에 '하나님만 바라라' 는 말 역시 아이들에게는 손에 잘 잡혀지지 않는 표현이다. 어른들은 다른 의지할 것들을 찾지 말고 유일한 도움이신 하나님의 도우심만 기대하라는 의미로 사용하지만, 아이들에게는 어떻게 하는 것이 하나님만 바라는 것인지 구체적으로 와 닿지 않는다는 것이다.

그래서 손에 잡히도록 쉽게 전달할 수 있도록 해야 하는데, 이를 위해서는 말씀에 대한 깊은 '묵상' 이 필요하다. 이는 의미를 잘 알 수 없는 표현들을 포함해서 앞서 보여준 은혜롭지만 구체적으로 와 닿지 않는 표현들을 다시 되씹는 과정을 말한다. 아기들이 딱딱한 음식을 잘 먹지 못하면 엄마가 부드럽게 만들어서 (때로 엄마가 씹어서) 먹이듯이, 성경말씀도 그래야 한다는 것이다. 그럼 앞의 표현들을 묵상해서 그 의미를 부드럽게 만들어 보자.

① 묵상 1: '하나님과 동행하다' (창 5:24)

먼저 '동행' 이라는 말을 생각해보자. '동행한다' 는 것은 함께 간다는 것이고, 함께 가기 위해서는 함께 갈 조건을 갖추어야 한다. 과연 어떤 조건인가? 그것은 서로의 의견을 조율하고, 함께 가기 위한 서로의 노력, 다시 말해 자신의 뜻을 양보하고 한 쪽의 의견에 따르는 일이 수반되는 조건이다. 이러한 조건에서만 동행이 가능하다. 그렇다면 하나님과 동행한다는 것은 무슨 뜻인가? 역시 하나님과 동행할 조건을 만족시켜야 한다. 즉, 내가 말씀 가운데 하나님의 뜻을 헤아려 알고, 그 뜻을 따라 순종하는 것이다. 그럼으로 '하나님과 동행한다' 는 것은 내가 하나님의 뜻을 알고 그 뜻에 순종하는 삶을 사는 것을 의미한다고 말할 수 있다.

② 묵상 2: '하나님만 바라라' (시 62:5)

'바라라' 라는 단어를 영어 성경은 주로 'find' 와 'wait' 라는 단어로 사용하고 있다. 다시 말해서 '바라라' 는 찾고 기다린다는 뜻이므로, '하나님만 바라라' 는 말을 영어 번역으로 바꾸면 '하나님만 찾다' '하나님만 기다리다' 는 의미가 된다. 한 번 더 되씹어 보자. 왜 하나님만 찾고, 기다릴까? 그것은 다른 것으로는 만족할 수 없고, 오직 '하나님만이 유일한 해결책(solution)' 이 되시기 때문이다. 즉, 하나님 외에 다른 선택이 있을 수 없다는 것이다. 따라서 '하나님만 바라라' 는 것은 자신이 믿고 의지하던 것, 그리고 자신의 모든 생각과 방법을 다 포기하고, 오직 유일한 해결자이신 하나님만 믿고 의지하라는 의미인 것이다.

3) 〈결론〉 결말 - 공감 끌어내기

서론이 관심을 끌어내는 부분이라면, 결론은 공감을 끌어내는 부분이라 할 수 있다. 결론은 본론을 전달하는 과정에서 밝혀진 주요 내용을 요약하면서 마무리짓는 부분이다. 따라서 결론만 보고도 이 본문이 무엇을 말해 왔는가를 알 수 있어야 한다. 아무리 내용과 전개 과정이 좋을지라도 끝맺음이 좋지 않으면, 용두사미격이 되고 만다. 따라서 결론을 들은 아이들로 하여금 '아하 그렇구나!' 하며 고개를 끄덕일 수 있도록 만들어야 한다. 특히 유의할 점은 서론에서 제시된 내용과 결론에서의 주장 또는 요약은 서로 긴밀한 유기성을 지니지 않으면 안 된다는 것이다. 다음 결론이 갖추어야 할 요건들을 기억할 필요가 있다.

① 본론에서 다른 내용 중 중요한 것을 간략하게 간추린다.

② 간추린 내용은 본론에서 이미 다루어서 드러난 것에 한정되어야 한다.

③ 성경공부를 한 전체의 요지를 간략하고 명확하게 파악할 수 있어야 한다.

따라서 결론은 본론에서 쓴 내용을 '반복'하여 요약하는 것이기에 당연히 본론과 같은 내용이다. 그러므로 새로운 내용을 말하지 않도록 주의해야 한다. 강조할 핵심 내용을 지루하지 않고 설득력 있게 말하되, 본론과는 다른 관점이나 다른 방식으로 정리하는 것이 좋다. 물론 결론에 대안과 전망을 간단히 덧붙일 수도 있다. 이는 그것이 새로운 내용임에도 불구하고 본론의 논리적 귀결에 해당하기 때문이다. 결론과 서론의 연결도 확인해야 한다.

4) 〈적용〉 순종과 결단 끌어내기

적용이란 본문이 나에게 무슨 의미가 있는가를 찾는 하나의 과정으로서 묵상 중에 발견되는 하나님의 모습, 역사, 말씀, 약속, 섭리 등의 메시지가 현재 나에게 주는 의미를 찾아서 순종하는 훈련이라고 할 수 있다. 적용은 설교나 QT에서도 그렇듯이 성경을 가르침에 있어서도 생명을 불어넣는 과정이라 할 수 있다. 성경의 진리를 서론부터 본론, 결론에 이르기까지 아무리 논리적으로 그리고 감동적으로 잘 전달했을지라도 적용이 없다면 성경을 가르쳤다고 말할 수 없는 것이다. 왜냐하면 성경공부는 성경의 지식을 전달하는 것에 끝나버리는 행위가 아니라 성경의 진리를 전달하는 것과 함께 반드시 삶의 결단을 끌어내고 순종하도록 하는 데까지 가야 하기 때문이다. 그러므로 교사는 적용까지 잘 이루어진 성경공부를 통해 아이들이 하나님과 인격적으로 만나게 할 수 있어야 한다. 그리고 하나님과 얼굴을 마주 대하고 있는 것처럼, 하나님을 바로 앞에 모시고 분부하시는 말씀을 들을 수 있도록 해야 한다.

성경공부를 통해 적용할 내용들을 열거해 보면, 삼위 하나님의 각 성품과 그분의 사역에 대해 새롭게 깨달아 믿게 된 것들(Something to believe), 마음에 기쁨이 오며 감사할 수 있어 하나님을 찬양할 것들(Something to praise God for), 하나님께서 채워주심을 믿으며 구하고 싶은 것들(Something to ask God for), 하나님께 혹은 사람들에게 대하여 바꿔야 할 태도나 고백해야 할 것들(Something to be sorry for), 그리고 지금 즉시 취해야 할 행동 및 기도해야 할 것들(Something to plan and pray for)이 있다. 이러한 내용에 대하여 구체적인 적용을 위해 다음 질문들을 활용해 보라.

① 본문에서 나타난 하나님(예수님, 성령님)은 나에게 어떤 분으로 다가오시며, 나에게 어떤 영향을 미쳤는가?

② 오늘 성경공부를 통해서 내 생활의 어떤 죄를 지적받고 있는가? 또한 죄를 구체적으로 어떻게 고백하고 용서를 구할 것인가?

③ 내가 믿고 따라야 할 것은 무엇인가? 내가 그것을 어떻게 삶 속에서 이룰 수 있는가?

④ 나를 위한 명령이나 충고나 경고가 있는가? 내가 어떻게 실질적으로 그것들을 순종할 수 있을까?

⑤ 오늘 본문은 구체적으로 나에게 어떤 격려와 위로를 주는가?

⑥ 나는 예수 믿는 사람들이나 믿지 않는 사람들과의 관계에 대해 무엇을 배웠으며, 앞으로 어떻게 그들과의 관계를 형성해 나갈 것인가?

⑦ 오늘 말씀으로 인하여 하나님께 찬양하고 감사하고 싶은 내용은 무엇인가? 그에 대하여 구체적인 감사의 표현을 어떻게 할 수 있을까?

⑧ 오늘 내게 주시는 약속은 무엇인가? 이 약속은 내 삶에 어떤 변화를 기대할 수 있는가?

⑨ 오늘 말씀 앞에 내가 계획하고 간구해야 할 사항은 무엇인가?

⑩ 이제 적용한 말씀을 놓고 회개와 감사와 결단의 기도문을 작성한다.

3. 비전으로 믿음에 날개를 달아주라

> 예배는 그리스도인의 정체성의 측면에서 그리고 양육은 믿음의 성장이라는 측면에서 다루었다면, 비전은 믿음의 삶에 대한 문제이다. 비전교육은 "어떤 그리스도인이 되어야 하는가?"를 다루는 그리스도인의 전반적인 삶에 무게를 두고 있다.

지금까지 교회교육의 새로운 패러다임으로서 '예배'와 '양육'에 대하여 살펴보았다. 이제 교회교육에 있어 남은 한 축인 '비전'에 대해 생각해 보려고 한다. 앞서 다룬 두 축과 관련해서 '예배'는 그리스도인의 정체성의 측면에서 그리고 '양육'은 믿음의 성장이라는 측면에서 다루었다면, '비전'은 믿음의 삶에 대한 문제이다. 물론 '예배'와 '양육'에서도 삶의 적용이 있어야 하고 말씀이 삶 속에서 순종으로 나타나야 함을 강조하지만, 이 두 축에서는 그때 그때 선포되고 주어진 말씀에 대하여 순간적인 순종의 삶에 무게를 둔 반면, '비전'에서는 그리스도인의 전반적인 삶에 무게를 두고 있다. 좀 더 부연하자면, 앞에서는 “그리스도인으로서 날마다 어떻게 살아야 하는가?”를 말했다면, 비전에서는 “어떤 그리스도인이 되어야 하는가?”를 언급하고 있는 것이다. 이것은 실제로 세상 속에 살아가는 그리스도인의 역할과 관련된 문제이다. 내가 교회교육의 3축으로써 ‘예배’, ‘양육’과 동등한 비중으로 ‘비전’을 말하는 이유가 바로 여기에 있다.

교회에서 아이들에게 ‘비전’을 가르쳐야 할 이유는 분명하다. 왜냐하면 그들의 삶이 달라질 것을 기대하고, 그럼으로써 그들을 통해 한국교회가 바뀌고 아울러 한국사회가 달라질 것을 기대할 수 있기 때문이다. 그 동안 한국교회의 중요한 문제점들 가운데 하나로 지적되어 왔던 것도 바로 이것이다. 교회가 우후죽순처럼 생겨나고 1천만 명의 성도라는 놀라운 부흥의 역사를 가진 한국교회지만, 국가나 사회에 긍정적인 영향력을 끼치기보다 오히려 한국사회로부터 손가락질 받고 지탄을 받아 온 것도 결국 ‘성도의 삶’과 관련된 문제였던 것이다. 결국 한국사회가 달라지려면 한국교회가 달라져야 하고, 한국교회가 달라지려면 교회교육이 그 역할을 바로 수행할 수 있어야 한다. 이런 의미에서 ‘비전’ 교육의 중요성을 말할 수 있는 것이다.

그러면 이제 ‘비전’ 교육을 위해 무엇을 해야 할지 살펴보기로 하겠다.

(1) 성경적 가치관 확립을 위해 기독교 세계관을 가르치라

교회교육의 목적과 목표 속에는 반드시 기독교 세계관의 틀이 존재해야 한다. 왜냐하면 기독교 세계관이 있는 교회교육을 통해서 아이들에게 '세상' 에 대한 바른 시각을 길러 주는 것이 매우 중요하기 때문이다. 세계관이란 여행자들이 나침반과 지도를 가지고 방향을 찾듯이, 우리 삶에 있어 인도자와 같은 역할을 한다고 말할 수 있다. 왜냐하면 세계관은 우리가 사는 세상의 많은 사건과 다양한 현상에 대하여 우리의 견해나 우리에게 요구되는 모든 결정 과정에 중요한 영향을 미치기 때문이다. 여기에 세상을 만드시고 우리 인생을 당신의 형상대로 지으신 하나님의 말씀이 기준이 된 생각의 틀을 '성경적 세계관' 또는 '기독교 세계관' 이라 한다. 기독교 세계관은 인간의 전 삶의 영역에서 예수 그리스도의 통치권을 인정하며, 삶의 전 영역에서 하나님 나라를 건설하고 확장해 나가는데 필요한 원리를 제공해 준다. 그러므로 기독교 세계관을 올바로 알지 못하면 삶이 변화될 수 없다. 교회교육 역시 울리는 꽹과리로 전락하지 않기 위해서는 반드시 기독교 세계관의 훈련이 함께 병행되어야 한다.

'비전' 교육의 핵심은 아이들이 성경적 세계관을 가짐으로 "어떤 그리스도인의 삶을 목표로 삼을 것인가"를 알게 하는 것이다. 이 교육은 "어떤 직업을 가질까?"가 아니라 자신의 은사를 따라 무엇을 하든지 "어떤 하나님의 목적을 이룰까?"를 고민하게 하는 것이다. 따라서 이 '비전' 교육은 아이들로 하여금 올바른 가치관(또는 세계관)을 가지게 함으로써 그것을 바탕으로 그들의 삶을 하나님의 목적대로 살아가도록 가르치는 것을 목표로 한다.

그러므로 기독교 세계관은 사상과 이념, 가치관 형성에 있어 성경적 기준을 가지게 됨으로 어떤 영역 속에서도 생의 목표가 '하나님의 구속'과 '질서의 회복'에 초점을 두고 설정되는 것을 뜻한다. 기독교 세계관이 필요한 이유는 먼저 믿음 가운데 그의 삶이 일관성 있고 통일되게 하기 위함이며, 자신이 이루어야 할 바를 향해 생동감 있는 믿음의 삶을 살게 하는 한편, 아울러 모든 삶에 있어 성경적 사고와 그에 따른 행동의 방향을 설정하기 위함이다.

1) '기독교 세계관' 교육의 의미

기독교 세계관을 가르친다는 것은 첫째로 하나님 말씀의 원리에 입각해서 이 세계와 인생 그리고 문화전체를 이해하고, 그에 따라 삶의 자세를 확립하는 기독교적 안목을 가지게 한다는 것을 의미한다. 여기서 가장 중요한 것은 하나님의 말씀 원리에 입각한다는 것이다. 말씀이란 기본적으로 신구약 성경과 기독교 역사 가운데서의 말씀과 관련된 가르침 전반을 의미한다. 기독교 세계관은 기본적으로 하나님의 말씀인 성경과 그 중심주제에 입각해서 형성된다. 특히 하나님의 창조, 인간의 죄로 인한 타락, 그리스도의 성육신으로 인한 구속과 그리스도의 재림으로 인한 완성 및 그것을 바라보며 사는 성도들의 종말론적인 삶이라는 주제가 기독교적 세계관의 토대를 이룬다. 즉, 기독교 세계관은 하나님의 말씀과 역사를 통한 기독교의 가르침에 입각한 것임을 의미한다.

두 번째로 기독교 세계관은 모든 영역에 대한 기독교적인 안목을 가지게 하는 것을 의미한다. 여기서 모든 영역이란 교회 내에서나 거룩한 모임과 같은 구원과 관계된 것을 넘어 우리에게 주어진 창조세계 전반을 의미한다. 이 땅에 거룩한 것과 세속적인 것이 완전히 구별되는 곳은 없다. 그리스도인들에게는 구원과 직접 관련된 것뿐만 아니라 세계 내의 모든 문제들을 포함해 삶의 총체적인 문제들과 현실들에 대해 기독교적인 안목을 가질 것이 요구된다. 성경에 기반하여 우리의 생각과 신앙이 미치는 모든 범위 내의 것들에 대하여 "성경은 어떻게 보고 있는가?" "예수님이라면 어떻게 하실까?"라는 질문을 끊임없이 던지는 것이 기독교적 세계관의 실질적인 내용이다. 이는 우리가 교회와 일상적인 삶, 신앙적인 일과 세상 일, 그리고 믿음과 실천 등과 같이 서로 상반적인 일들을 대하면서 자칫 빠

질 수 있는 이원론적인 사고방식을 벗어나는 것이 필요하다는 것을 말해준다. 따라서 그리스도인들과만 지내고 하나님의 이름이 불려지지 않은 세속적인 곳은 기피하는 이원론적인 삶은 바람직하지 않다. 오히려 통합적인 시각으로 우리의 삶 전체에 기독교적인 안목을 갖도록 하는 것이 필요하다.

2) '기독교 세계관' 교육의 실제적 의미

앞에서도 제시하였듯이, 기독교 세계관이 성경말씀에 입각하여 모든 영역에 대한 기독교적인 안목을 제시하는 것이라면, 우리는 모든 활동영역에서 그리스도인이라는 우리의 신분이 의미 있는 교집합을 이루도록 해야 한다. 여기서는 F. 쉐퍼가 20세기 기독교인들에게 던졌던 "그러면 우리는 어떻게 살 것인가?"라는 질문을 던지면서, '기독교 세계관'을 어떻게 가르칠 것인지 구체적인 방법들을 제시해보고자 한다.

① 문화적 적용

기독교 세계관의 첫 번째 적용은 '기독학생(student as a christian)과 문화'에 대한 이해이다. 대다수의 교사들이 그 동안 배워왔고 또 가르치고 있는 문화에 대한 이해는 일반적으로 현대문화를 사탄의 영역으로 보고 싸워야 할 대상으로 보는 것이다. 그래서 예수님을 믿는 학생들이 TV를 보고 컴퓨터 앞에

앉는 것은 세속문화에 물드는 것이고, 오락실에 가는 것은 사탄이 시키는 일이라는 등의 교육을 통해, 문화를 선한 문화와 악한 문화로 이원화시킴으로써 마음 놓고 들어갈 수 없는 문화 영역을 인위적으로 만들어버렸다. 이런 식으로 형성된 무의식 속의 반문화적인 태도가 여전히 지속되어서 교과서 외에 하나님의 이름이 들어가지 않는 책은 자신도 모르게 눈을 돌리게 되고, 하나님께 기도를 하지 않는 모임은 성경적이지 않은 것이라고 암묵적으로 생각하고 있다. 이와 같은 문화적 인식으로 인해 그리스도인들은 기독교인 모임 외에 다른 모임에는 참석하지 않음으로써 서서히 교회 문화 외에서는 힘을 발휘할 수가 없게 되었고, 스스로 자기만의 성을 쌓아가며 좁아진 공간에서 한숨을 쉬면서 하나님께 울부짖고 있게 되었다. 결과적으로 이는 기독교인의 문화개념을 축소시킴은 물론 자신의 활동반경을 좁히는 결과를 만들었을 뿐만 아니라, 보다 넓은 문화 변혁의 주체로서의 기능을 스스로 막아린 채, 편협한 문화관을 갖게 만들었다.

그러므로 우리 아이들에게는 명확한 '기독교 세계관' 교육이 필요하며, 특히 기독학생에 대한 문화적인 교육이 적극적으로 시행되어야 한다. 따라서 교회는 아이들에게 적극적인 문화관을 가르쳐야 한다. 그럼으로써 아이들이 스스로 자기의 세계를 좁히지 말고, 문화 전반을 그들의 활동무대로 여기고 살아가도록 해야 한다. 모든 문화는 두려워하거나 피할 대상이 아니라 하나님의 자녀들이 적극적으로 누릴 대상이다. 문화의 터가 없는 공허한 관념의 세계에서 기독교 세계관이 존재할 수는 없기 때문이다. 더구나 성경이 말하는 바 모든 문화를 우리에게 주셨음을 주지시켜야 한다. 따라서 비록 이 시대의 문화전반이 타락했고, 비성경적인 것들로 가득 차 있다 하더라도, 아이들로 하여금 이 시대를 더불어 살면서 기독교 세계관을 가지고 적극적으로 회복시켜야 할 대상으로 보고 그 속에서 하나님의 뜻을 어떻게 펼칠 것인가를 고민하고 대안을 찾는 노력을 하도록 해야 한다.

한 예로, 컴퓨터에 대한 기독교 세계관 교육은 다음과 같다.

a. 먼저 아이들 스스로가 컴퓨터를 금기하게 만들었던 내용들을 말하고 인정하게 한다.

b. 다음으로 컴퓨터가 세상에 어떤 유익을 끼치는지 알게 한다.

– 아이들이 직접 많은 분야에 사용되고 있는 예들을 찾아보고 알아오도록 하고,

– 그 중 자신이 가장 관심 있는 분야는 무엇인지 발표하게 한다.

c. 개인 또는 공동체적으로 컴퓨터가 어떻게 사용될 때 하나님께서 기뻐하실 지를 생각하게 한다.

d. 자신이 컴퓨터를 통해 어떤 '생각'과 '비전'을 가지게 되었는지 서로 나누게 한다.

e. 동일한 '생각'과 '비전'을 가진 아이들끼리 '소그룹'을 형성하게 한다.

– 소그룹 모임이 정기적으로 이루어지도록 하고 담당교사를 세워 지도하게 한다.

② 사회적 적용

아이들은 비록 지금은 학생일지 몰라도, 몇 년 후에는 사회로 진출해 본격적으로 사회 속의 그리스도인으로 살아가게 될 것이다. 따라서 교회는 그들로 하여금 예비사회인으로서 기독교 세계관으로 조율된 자신을 준비해 나갈 수 있도록 도와주어야 한다. 그러기 위해서 사회에 대한 좀 더 깊은 이해는 물론, 자신이 가진 모든 은사와 미래적 가능성을 두고 깊이 고민하고, 경험하고, 도전해 보도록 하는 것이 중요하다. 이를 위해서는 다음 세 가지를 중점적으로 가르칠 필요가 있다.

첫째, 스스로 자아상을 형성할 수 있도록 도와야 한다.

아이들 스스로 "나는 누구이며, 나의 삶이 왜 의미가 있는가?"하는 근본적인 질문을 하도록 해야 한다. 특히 자신의 삶을 바르게 읽어내는 작업은 아이들이 제일 힘들어 하는 일이다. 혹자는 "한국 교회와 기독교인들의 반복되는 기독인적인 삶의 부진함은 새로운 세대로 진입하는 자들의 자기반성과 삶을 되읽는 작업을 게을리 한 것 때문이다"라고 지적한 바 있다. 따라서 교회는 아이들에게 그리스도인으로서의 올바른 자아상을 가지게 하는 데 최선을 다해야 한다. 이를 테면, 그들을 참된 예배자로 세워감으로써 온전한 그리스도인의 정체성을 확립하게 하고, 성경공부를 통해 순종을 훈련함으로써 자신의 삶을 의미 있게 만들어 갈 수 있도록 도울 수 있을 것이다. 자아상 교육을 위한 지침은 다음을 참조하라.

a. 하나님이 만드신 최고의 작품 : 인간의 창조 방법, 목적, 생의 목적 알기

b. 부정적 자아상 버리기 : 못하는 것, 해도 안 되는 것, 남들보다 못난 것 분석

– 왜 그렇게 생각하는가?

– 상대적인 것(비교가치)은 아닌가?

c. 긍정적 자아상 가지기 : 가능성, 숨은 능력, 천재성 찾아내기

– 내가 가장 하고 싶고, 자신 있게 잘할 수 있는 것은?

– 남들이 나를 보고 잘한다고 말하는 것은?

d. 하나님께 쓰임 받는 '나' : 하나님께서 주신 재능을 하나님을 위하여사용

둘째, 폭넓은 기독교 세계관을 가지도록 도와야 한다.

예비사회인으로서 자신의 삶을 세워가는 과정에서 아이들이 너무 편협한 자료만을 가지고 자신의 삶을 채우거나 설계하지 않게 해야 한다. 기독교 세계관이 성경말씀에 근거하기 때문에 성경적인 요소들이 기본임은 부인할 수 없다. 그러나 그것으로 끝내지는 말아야 한다. 즉, 아이들에게 독서와 교제의 폭을 넓혀가기를 권하면서 두루 넓게 읽고, 널리 만나기를 요청하라. 관습의 굴레를 벗어나 진정으로 바른 기독교 세계관 즉, 편협하지 않는 기독교 세계관을 가질 수 있도록 다양한 경험과 만남과 독서와 고민을 통해 이 사회의 주역이 되기를 준비시켜야 한다. 이를 위한 지침은 다음을 참조하라.

a. 독서법을 가르쳐 보자.

- 1년 동안 아이들이 반 전체 또는 개인별로 읽어야 할 도서 목록을 함께 만든다. 이 도서목록에는 경건서적 외에도 다양한 세계관과 인물을 소개한 책들도 균형 있게 포함시킨다.
- 정기적으로 나눔을 위한 모임을 가진다. 나눔을 위한 모임은 꼭 주일이 아니더라도, 토요일이나 공휴일을 이용해도 좋고, 성실하게 준비한 아이들의 칭찬을 위한 선물과 이벤트가 있으면 더욱 효과적이다.

b. 다양한 경험을 가지도록 해보자.

공휴일이나 연휴를 이용한 1박 2일 또는 방학을 이용하여

3-4일 정도 유적지 방문을 위한 배낭여행, 작가와의 만남, 오지탐방 등의 프로그램또한 폭넓은 기독교 세계관을 갖도록 도울 수 있을 것이다.

셋째, 자신의 은사를 발견하고 활용하도록 도와야 한다.

교사들은 아이들이 가진 특별한 재능(은사)을 알게 하고, 하나님께서 그것을 통해 당신의 뜻을 이루기 원하심을 가르쳐야 한다. 아이들로 하여금 하나님께서 자신에게 주신 재능을 어떻게 사용하길 원하시는가를 고민하게 하고, 앞으로 그 재능을 가지고 어떤 삶을 살아갈 것인지 구체적인 준비를 하도록 해야 한다. 예를 들면, 노래패를 만들어 노래운동을 펼쳐 본다든지, 자신이 속한 공동체의 신문이나 문학지를 만들어 본다든지, 살고 있는 동네나 학교 주변에 환경운동을 해본다든지 등을 들 수 있다. 설령 구성원이 모두 기독교인이 아니더라도 괜찮다. 오히려 그런 경우, 자신이 만들어 가는 기독교 세계관을 실험해보고, 기독교적인 삶의 모델을 연구해보는 계기로 삼을 수 있을 것이다.

(2) 양육과 비전교육의 균형을 맞춰라

'비전' 교육이 교회교육의 한 축이 된다는 것은, 그것이 '예배' 와 '양육' 에 못지않은 교육적 비중을 차지한다는 뜻이다.

비유로 말하자면, 사람이 살면서 먹기만 하고 운동을 하지 못하면, 몸이 연약해 지거나 비만이 생기는 현상처럼, 교회교육에 있어서도 삶의 문제를 다루는 '비전' 교육이 제대로 이루어지지 않으면, 믿음의 성장에 병적 현상이나 불균형의 현상이 나타날 수 있다. 일반적으로 교회교육에 있어 대부분은 공과공부라고 불리는 양육에 할애되어 있는 것이 사실이다. 이는 성경의 지식을 전달하는 것으로는 좋을지 몰라도, 믿음의 문제가 삶으로 연결되는 면에는 큰 약점이 될 수 있다. 따라서 균형 잡힌 교회교육을 위해서라도 '비전' 교육의 시간과 이에 대한 교사들의 관심을 확대해야 할 필요가 있다.

'비전' 교육에 대한 비중을 두고 가장 고민이 되는 것은 역시 시간이다. 그야말로 적절한 시간의 배분이 필요한데, 이를 위해 학교에서의 학기운영을 살펴볼 경우 좋은 아이디어를 얻을 수 있다. 학교는 방학을 사이에 두고 1학기와 2학기로 나눠져 있다. 학기 중에는 학교에 나와 수업을 하면서 공부를 하고, 방학에는 수업이 아닌 체험학습과 같은 개인별 학습과정이 진행된다. 따라서 우리 교회학교도 이와 같은 원리로 운영하기를 제안해 본다. 다시 말해, 학교의 학기 중에는 '양육' 을 하고, 방학 때에는 '비전' 교육을 하는 것이다. 학교에서 학기 중에는 소풍 같은 특별한 행사 외에는 주 단위로 학과공부가 반복되는 것과 같이, 교회교육도 그 흐름을 유지하여 아래 표와 같이 학기 중에는 '양육' 을 하고, 방학 중에는 자유로운 활동과 움직임을 필요로 하는 '비전' 교육을 실시하는 것이다.

구 분		공과내용	행 사	교육 및 활동사항
12-2월	겨울방학	기독교 세계관 하나님 나라	겨울수련회, 산상기도회, 성경통독수련회, 고아원 및 노인복지시설 방문과 봉사	집중기도주간 운영, 교리 강의 및 신앙 선배와의 만남, 사랑과 섬김의 실천
3-6월	봄학기	양육커리큘럼에 따른 성경공부	성경퀴즈대회	경건생활 점검(예배, QT, 기도, 성경읽기…)
7-8월	여름방학	비전 기독교문화관	여름수련회, 비전 학교, 국내 및 해외vision trip, 친구초청의 날, 선교기도회, 문화Festival	수련회 전후로 한 전도프로그램 및 수련회 후속 교제 프로그램, 비전학교 운영, 문화 분별 훈련
9-11월	가을학기	양육커리큘럼에 따른 성경공부	성경암송대회	경건생활 점검(예배, QT, 기도, 성경읽기…)

표3 | 교육 커리큘럼의 예

* 학기 중(3-6월, 9-11월) : 양육커리큘럼에 따른 성경공부(공과)

* 방학 중(12-2월, 7-8월) : 특별활동, 세계관 교육, 수련회 및 전후 프로그램

(3) 비전스쿨과 비전소그룹을 운영하라

'비전스쿨' (vision school)이란 기독교 세계관을 바탕으로 진정한 자기실현을 위해 자신을 어떻게 개발할 것인가를 가르치는 모임을 말하며, '비전소그룹' 이란 아이들의 은사와 관심별로 그룹을 만들고 자치적인 활동 및 운영계획에 따라 모임을 가지는 것을 말한다. 이들의 차이는 비전스쿨이 교회학교의 커리큘럼에 포함되어 교사를 중심으로 체계적인 기독교 세계관

을 가르치고 비전을 향한 계획들을 지도해 나가는 모임이라면, 비전소그룹은 비전스쿨을 통해 드러난 각종 은사와 관심별로 아이들이 중심이 되어 그들이 미칠 수 있는 교회와 국내외 모든 영역에 대해 계획을 세우고 활동하는 모임이다. 물론 비전소그룹에도 교사들이 관여하여 아이들이 잘할 수 있도록 도와주는 역할이 필요하지만, 비전소그룹은 아이들 자신이 해야 할 일과 활동 영역을 그들 스스로 하게 하는 데 목적이 있다.

1) 비전스쿨

비전스쿨의 운영은 앞에서 언급한 대로 학기 중에 실시하는 '양육' 과는 달리 방학 중에 기간을 정하고 '집중과정'(Intensive course)으로 풀어내는 것이 효율적이라고 생각한다. 비전스쿨 커리큘럼은 아래 도표와 같이 성경적 세계관을 수립해 가는 것에서 시작하여 비전성취계획을 완성하고 선포할 때까지 총 6개 과정으로 진행되는데, 각 3개 과정씩 묶어 '비전수립단계' 와 '실행계획수립단계' 라는 두 단계로 진행이 된다.

비전스쿨 운영에 있어 가장 중요한 것은 비전을 설계하는 일이다. 아래의 도표는 그 비전을 설계해가는 과정을 보여주고 있다. 우선 하나님께서 보여주시는 비전을 인식할 수 있는 이념적 틀인 기독교 세계관을 통해 성경적 가치관이 형성되어

단 계	과 정	내 용
비 전 수립 단계	세계관수립과정 (Viewpoint Making Course)	기독교 세계관을 통한 성경적 가치관을 확립한다.
	자아상수립과정 (Self-image Making Course)	부정적인 자아상을 버리고 긍정적인 자아상을 가지게 한다.
	사명과 비전수립과정 (Mission & Vision Making Course)	자신의 사명(Mision)과 비전(Vision)을 발견하게 한다.
실행 계획 수립 단계	비전로드맵수립과정 (Vision Roadmap Making Course)	비전을 이루기 위한 삶의 전략지도(Vision Strategic Life' Roadmap)를 만든다.
	액션플랜수립과정 (Action Planning Course)	비전을 이루기 위한 구체적인 계획(Team, People, Knowledge, Brand)을 세운다.
	비전선포과정 (Vision Ceremony)	비전을 선포한다.

야 하고, 자신에게 있는 은사가 무엇이며 어떻게 활용할 것인지 알기 위해 부정적인 자아상을 버리고 긍정적인 자아상을 확립할 수 있어야 한다. 그리고 자신의 은사가 하나님이 주신 사명 속에서 자신의 비전이 되게 해야 한다. 여기까지가 비전을 수립하는 단계이다.

이어서 다음은 비전을 실행에 옮기기 위한 계획을 수립하는 단계로 나아가게 된다. 이 단계에서는 먼저 수립된 비전을 이루기 위하여 자신의 삶을 전략적으로 이끌어갈 비전로드맵을 만들고, 이 비전을 이루기 위한 구체적인 준비 즉, 함께 비전을 이루어갈 휴먼네트워크를 구성하고, 이에 필요한 지식과 주특기를 어떻게 갖추어 갈 것인가에 대한 계획을 세워야 한다. 이 모든 계획을 마치면, 비전을 선포하고 이를 이루기 위한 본격적인 삶을 살게 되는 것이다.

2) 비전 소그룹

비전소그룹은 '관심별 모임' 또는 '은사별 모임'으로 지칭하기도 하는데, 아이들의 관심과 은사에 따라 그룹을 만들고 각 모임별로 각각의 운영 방법과 시간을 정해 모이도록 하는 것이 특징이다. 이 모임들은 특별한 은사를 가진 아이들도 있지만, 관심만 가지고 모임에 참석하는 아이들도 있을 수 있다. 따라서 이 모임들은 재능이 있고 잘 훈련된 선배들이 배움이 필요한 후배들을 이끌고 가르쳐주기도 하는 등 공동체적인 특징과 전통을 믿음과 함께 전수해 줄 수 있는 유익이 있다. 물론 더 중요한 것은 소그룹이지만, 그 가운데서 리더십이 형성되고, 그 리더십들이 모여 전체 공동체를 이끌어 가는 리더그룹이 형성될 수도 있다는 것이다. 이처럼 비전소그룹은 아이들 스스로 모임을 이끌어감으로써 자신의 은사와 함께 리더십이 세워지고 훈련되는 장으로서도 활용된다.

비전소그룹은 또한 모임의 성격에 따라 몇 개의 모임, 예를 들어 찬양소그룹과 미디어모임, 문화연구모임 등은 월 1회 또는 연 2-3회 정도 각 모임별로 돌아가면서 발표의 시간을 갖도록 하면서 자신들의 소그룹을 알리고, 사역의 열매와 자신들의 세계관을 공유하는 좋은 기회가 될 것이다. 이들의 모임 이름은 곧 모임의 특징을 말해주기도 하는데, 예를 들면, 열방사랑(선교 모임), 찬사모(찬양을 사랑하는 모임), 마니또(봉사 모임), 미디연(미디어 연구 모임), 문화연(대중문화 연구 모임), 예수닷컴(교회Home-page 또는 인터넷카페 운영팀 및 컴퓨터 관련 모임), 각종 운동모임(축구팀, 농구팀, 탁구팀 등), 꾸미연(교회 및 기관 게시판 운영팀, 실내 장식 및 행사 자막 담당), 책사랑(교회 및 기관 도서실 운영, 독서 나눔, 추천도서 선정 등), 영어성경반 등이 그러하다.

4. 교사양성과 교사교육을 위한 지침 

교회교육에 있어 교사의 역할은 절대적이다. 교회교육의 중요한 내용들이 대부분 교사들을 통하여 아이들에게 가르쳐지는 것들이며, 따라서 교사 없이 교육은 이루어지지 않기 때문이다. 그러므로 교회가 "어떤 교사들을 세웠고, 어떤 교사로 만들었는가"하는 것은 매우 중요하다.

우리가 가르치는 아이들은 보이지 않는 하나님을 믿지만, 사실 자신들을 가르치는 보이는 교사를 통하여 하나님의 사랑을 느끼면서 신앙과 인격이 성장해 가게 된다. 그만큼 아이들에게 있어 자신의 영혼을 사랑하고 믿음의 성장을 위해 수고를 아끼지 않는 교사와의 만남이 중요하다. 교회교육은 이런 교사와 아이들과의 만남에서부터 이루어진다. 교육이라는 말에 이미 교사의 존재와 역할이 내포되어 있듯이, 교회교육에 있어서 교사의 역할은 아무리 강조해도 지나침이 없다. 아니 절대적이라 해도 과언이 아니다. 앞에서 언급했던 교회교육의 중요한 내용들이 대부분 교사들을 통하여 아이들에게 가르쳐지는 것들이며, 따라서 교사 없이는 교육이 이루어질 수 없다.

그러나 교사의 존재만으로 교육이 저절로 되는 것은 아니다. 교회가 교육을 위해 "어떤 교사들을 세웠고, 어떤 교사로 만들었는가"하는 것이 더 중요한 일이다. 우선 교사로서의 자질과 뜨거운 열정이 필요함은 말할 나위도 없다. 하지만 교회교육의 패러다임은 교사의 기능적인 면들 또한 간과할 수 없음을 보여주고 있다. 그렇다고 해서 처음부터 자질과 열정과 기능을 다 갖춘 사람들만 골라서 교사로 세운다면, 교사의 수가 절대적으로 부족할 수밖에 없게 된다. 따라서 조금 부족한 면들이 있다 하더라도 교사들을 권면해서 세운 후, 이들을 위한 교육과 훈련을 하는 것이 바람직하다고 하겠다. 많은 교회들이 가지는 어려움이 바로 여기에 있다. 즉, "어떻게 교사들을 세울 것이며, 어떻게 교사들을 교육할 것인가?" 이 문제가 교회교육의 물고를 트는 중요한 열쇠이다.

한국 기독교교육연구협의회가 250여명을 대상으로 교회의 교사교육 실태에 대하여 설문 조사한 '교회학교 교사훈련 실태 조사'에 의하면, "교사가 되기 전에 사전에 어떤 교육을 받았는가?"를 묻는 질문에, "아무 교육을 받지 못했다"는 대답이 40%, "여름 교사 강습회나 연합 강습회를 통해 연 1-2회 정도 참석했다"는 대답이 35%로 전체 교사의 75%가 교육을 받지 못했거나 교육이 절대 부족한 입장이라고 말했다. 이에 비해 11%가 "10시간 이내의 단기 교육과정"을, 14%는 "연중 몇 차례에 걸쳐 실시되는 교사 양성 과정"을 이수했다고 대답했다. 또한 전체적으로 예비교사교육에 대한 교사들의 반응은 "부족하다"는 대답이 91%나 된 반면, "충분하다"는 대답은 9%에 불과했다. 결국 상당수의 교사들이 실제로 준비되지 못한 상황에서 교육현장에 투입되고 있음을 보여주고 있어 예비교사의 교육이 무엇보다 시급함을 알 수 있다.

이 설문조사는 기존 교사들을 위한 교육실태에 대해서도 조사했는데, "교사가 되고 난 후에 계속적으로 교육을 받고 있는가"라는 질문에 "교육을 전혀 받은 일이 없다"가 18%, "연 1-2회 개 교회 또는 연합적인 강습회에 참여하는 경우"가 50%, "교사들끼리 자체적인 연구모임을 갖는 경우"가 14%, "교사대학이나 교사양성과정 같은 제도화된 공식교육에 참석하고 있다"가 18%로 응답해 대부분의 교사가 정기적으로 체계적인 교육을 받은 일이 없거나 한 두 번의 형식적인 강습회 정도로 교육을 대신하는 것으로 나타났고, 교회의 관심 속에 체계적인 교육을 받고 있는 교사는 전체의 20%도 안 되는 것으로 나타났다.

물론 교회마다 주어진 상황이 다르고, 특히 열악한 환경에 처한 교회들이 적지 않음을 알고 있다. 그럼에도 불구하고 교사들을 위한 프로그램은 교회교육에 있어 결코 양보할 수 없는 중요한 과제로서, 반드시 수립되고 시행되어야 한다.

(1) 교육체계의 확립과 정착이 시급하다

교사교육에 관한 문제를 말함에 있어 가장 근본적인 대책은 교육체계를 확립하여 정착시키는 것이다. 앞서 유대인의 교육에서 질적, 기능적으로 잘 준비된 부모와 랍비들이 아이들의 교육을 담당하고 있다고 말했다. 그런데 어떻게 이것이 가능했을까? 물론, 랍비들은 오랜 시간 동안 랍비가 되는 과정을 통해 성경교사로서 기능적인 부분이 잘 준비될 수 있을 것이다. 하지만 그보다 지금 말하고 싶은 것은 랍비와 부모들이 어려서부터 오랜 전통의 교육체계 속에서 교육을 받았고, 그것에 익숙해져 있다는 점이다. 그들은 유대자녀들의 교육에 있어 이미 검증된 많은 경험을 가지고 있기 때문에, 그들의 방식대로 교육하면 하나님의 아름다운 자녀로 양육할 수 있음을 확신하면서 아이들을 교육한다. 이처럼 전통적인 올바른 교육체계가 있음으로 말미암아 좋은 자질과 열정을 지닌 좋은 교사들을 세워갈 수 있는 것이다.

한국교회가 교육체계를 확립하는 일에 더 늦지 않도록 총력을 기울여야 하는 이유가 여기에 있다. 지금 한국교회는 하루

속히 교회교육의 현실을 돌아보고 드러난 많은 문제점들을 개선해서 신뢰할만한 교육체계를 만들어 정착시켜야 한다. 그렇게 함으로써 안정되고 온전한 교육체계 가운데서 양육된 아이들이 자라서 훌륭한 그리스도인이 되고, 이들이 다시 교회학교의 교사가 되어 자신이 자라온 대로 다음 세대를 가르치게 되면, 한국교회도 유대인의 교사처럼 자질과 열정과 기능을 갖출 뿐 아니라, 확신을 가지고 다음 세대를 책임질 수 있는 교사를 세워갈 수 있을 것이다. 한국교회의 백년대계가 위기를 맞고 있다고 진단할 수 있는 근거는 교육이 앞으로 몇 년, 몇 십 년 앞을 내다볼 수 없는 것이기 때문이다. 체계가 없이 도무지 가늠할 수 없는 교육적 현실에 대해서 이제는 더 늦지 않도록 조속히 이를 쇄신하여 신뢰할 만한 교육체계를 만들어 정착시켜야 할 것이다.

(2) 교사대학을 운영하라

교회의 교육체계는 이를 움직이는 교사를 얼마만큼 확보하고 있는가에 그 효율성과 결과가 달려있다고 말할 수 있다. 따라서 교회는 교육적 활동성이 있는 교사를 만들어 내는 일에 최선을 다해야 한다. '교사대학'은 이러한 교사들을 만들어 내는 데 중요한 역할을 한다. 그래서 교사를 처음 세우는 과정부터 이후의 교육에 이르기까지 '교사대학'을 운영함으로써 교사들로 하여금 자신이 받은 사명과 봉사의 직분을 훌륭하게 감당할 수 있도록 해주어야 한다. 실제로 처음 교사가 될 때 교사로서의 동기부여를 받고, 교사의 사명과 역할에 대해 아는 것은 그가 교사로서 얼마나 열심과 수고를 낼 수 있는가와 깊은 관련이 있다. 또한 수년간 지속적으로 수고하는 교사들이 새로운 정보와 교육자원을 공급받는 일이 없이 계속 가르치기만 한다면, 정말 힘든 봉사를 하게 될 것이다. 따라서 교사대학을 운영하는 것은 교사들에게 투철한 소명감을 가지게 함은 물론, 아이들을 성실하게 가르칠 수 있도록 하는 중요하고도 우선적인 일이라 하겠다.

교사대학을 운영하는 목적은 '교사양성'과 '교회교육'을 하기 위함이다. '교사양성'은 교사를 세우는 일로서 아직 교사가 아닌 사람을 교사의 역할에 관심을 가지게 하고, 교사로서 자질을 발견하여 개발하게 하고, 마침내 교사의 사명을 가진 자로 세우는 과정을 말한다. 이어서 교사가 자신의 사명을 효율적으로 감당하도록 교사로서의 역량을 증진시키고, 또 전문화된 교사로서 그 역할을 감당하도록 세우는 과정이 필요한데, 이를 '교사교육'이라고 한다. 또 한편으로 교사대학이 절실히 필요한 이유는 시대적 필요에 따라 아이들을 하나님의 말씀과 훈계로써 양육할 교사의 역할이 더 중요해져 갈 뿐만 아니라,

갈수록 그 사역의 범위와 내용이 훨씬 다양해지고 전문화되고 있기 때문이다. 따라서 이를 위해 긴급하고도 체계적인 대책이 필요하다. 이 부분에 대한 여러 가지 지침들은 교사들만의 노력으로는 어렵다. 교육위원회 내지는 담임목사 차원의 적극적인 지원을 위한 결단이 필요한 부분이다. 적어도 이 책을 읽는 목회자와 교육책임자들은 이러한 부분에 있어 충분히 동의한다고 믿어 의심치 않는다. 아무튼 교사를 양성하고 교육하기 위해서는 교사대학을 정착시켜 운영하여야 한다.

교사들을 교육하는 교회의 기구를 교사대학이라고 함은 정규적인 커리큘럼을 가지고, 정기적인 교육이 이루어진다는 것을 의미한다. 교사대학이 목적하는 바는 우선 '예비교사대학'을 운영하여 앞으로 세워질 교사들을 양성하고, '정기교사대학'을 통해 세워진 교사들을 교육 및 훈련하는 것이다. 교회마다 각각 이러한 기구들을 운영하여 필요한 교사들을 세우고, 또 좋은 교사로서 만들어갈 수 있어야 한다.

예비교사대학은 교회교육을 위해 세워질 교사들을 양성하는 프로그램이다. 마치 여행을 떠나기 전에 지도를 보면서 여행안내를 받듯이, 교회학교의 교사로서 먼저 갖추어야 할 것들을 안내 받을 수 있다면, 대단히 유용한 일이 될 것이다. 예비교사대학이 바로 그런 역할을 할 수 있다.

이에 비해 정기교사대학은 이미 교회교육의 현장에서 봉사하고 있는 교사들을 대상으로 하는 교육 프로그램이다. 여기에서 주로 다루는 내용은 교사들이 아이들에게 가르칠 개념을 정의하고 선택하는 능력과 기술, 학습의 실천적이고 실제적인 목표들을 준비하는 능력과 기술, 성경을 가르치는 적절한 전략을 선택하는 능력, 학습 현장에서 일어나는 상호 교류작용의 형태를 분석하는 능력과 기술, 그리고 학습에서 넓고 다양하게 미디어를 활용하는 능력과 기술 등이다. 이는 곧 "아이들에게 성경과 믿음을 어떻게 가르칠 것인가?"에 대한 다양하고도 구체적인 내용들을 말하는 것이라 할 수 있다. 정기교사대학에 대한 자세한 커리큘럼은 본서에서는 다루지 않고 '교사대학'을 위한 별도의 책을 기약하기로 하자.

교사대학의 운영방법은 다음과 같은 방법을 참고해서 교회의 상황에 맞게 활용하면 좋을 듯하다.첫째, 한 지역의 여러 교파 교회들이나, 인근지역의 동일교파 교회들이 3-4교회 정도 연합하여 전문 강사를 초빙하여 운영하는 것으로 재정과 자료 등을 공동으로 부담하여 실시하는 형태이다.

둘째, 훈련경험이 있는 교역자를 포함한 2-3명의 지도교사를 선정하여 교단이나 전문기관에서 하는 교사교육 프로그램에 파견함으로 이들이 훈련을 받고 돌아와 교회에서 전달교육을 하게 하는 형태이다. 셋째, 교육경험이 있는 목회자가 보조지도자 2-3명과 함께 총회교육원 또는 전문교육기관으로부터 교육교재, 자료, 개인 학습지도서 등을 구입 또는 대여 받아서 자기학습을 통한 교사교육을 주관하는 형태이다. 넷째, 교육책임자가 교사들을 나이 및 교사경험 등을 참조하여 2인 1조로 묶어주어 자체 교육을 하는 형태 등이다.

(3) 소그룹 교사모임을 운영하라

'교사대학'이 전체 교사를 대상으로 균형있는 교사의 자질 향상과 교육에 필요한 것들을 공급해 주는 것이라면, 교사 개인이 또는 동일한 필요를 가진 몇 명의 교사들이 모임을 만들어 자신들의 필요를 채워가는 것을 '교사소그룹'이라 할 수 있다. 특히 교사대학을 통해서도 충분하게 채워지지 않는 부분들, 예를 들면 '개인성경공부(PBS)'와 '성경공부교재 연구' 같은 지속적으로 개발하고 노력해야 할 분야들은 소그룹을 통해 서로 도움을 주고 격려할 때 효율적인 결과를 얻을 수 있다. 아울러 '비전소그룹'을 지도하는 교사들 역시 '기독교세계관'과 전문영역의 지도를 위해서 서로 도움을 줄 수 있는 협력할 소그룹을 만들면 훨씬 좋은 결과들을 기대할 수 있을 것이다. 교사소그룹을 종류별로 분류를 해보면 다음과 같다.

① 관심별 소그룹 – '기독교세계관연구모임', '독서모임', '운동

부교사모임', '비전교사모임'

② 교사능력향상을 위한 소그룹 – '개인성경공부(PBS)모임' '공과연구모임'

③ 자율적 소그룹 – '기도모임' '교회학교봉사모임'

(4) 교사들을 위한 자료실을 운영하라

교회는 교회교육을 위해 교사들이 필요로 하는 도서를 포함한 교육자료실의 운영에 힘을 기울여야 한다. 이유는 잘 아는 바대로 교사들이 공과에만 의존하여 아이들을 가르치는 것이 바람직하지 않을뿐더러, 성경만 가지고 아이들을 가르치는 것은 더욱 어려운 일이기 때문이다. 그렇다고 교사들이 가정에 충분한 도서와 자료를 가지고 있는 것도 기대하기 어렵다. 결국 아이들에게 풍성하고도 질 높은 교육을 하기 위해서는 교사들이 가르치기 위해 준비하고 연구할 수 있는 환경을 만들어 주어야 하는 것이다. 교회가 자체적으로 도서관이나 자료실을 운영하는 것은 교사교육 못지않게 교회가 많은 관심을 가져야 할 중요한 부분이다. 안타까운 것은 교사교육에 관심을 기울이지 못하거나 여력이 부족한 교회일수록 사실상 교사들을 위한 교육자료실에 투자하지 못하는 경우가 더 많다. 현실적으로 교육자료가 거의 없는 교회도 적지 않으며, 설령 교육자료가 있더라도 그것을 이용하지 못하는 경우가 많다고 한다. 그렇다고 해서 자료실이 필요없다고 할 수는 없다. 문제는 교사들을 배려한 환경을 만들어 주지 못하는 것과, 교사들이 자료를 사용하는 교육방법에 대해 적절한 교육을 받지 못함으로 그 필요를 절실하게 느끼지 못하는 데 있다. 그러므로 교회는 교사교육의 중요성을 느끼고 있는 만큼 교사들을 위한 교육환경에 세심한 관심과 투자를 해야 한다.

요즘 교회교육을 위한 자료는 정말 다양하다. 교육자료실 운영을 통해 교사들의 필요를 채워주길 원한다면 이를 위한 전담교사 또는 봉사자를 두는 것도 좋은 방법이다.

부록

교회 교육자료

1. 반편성을 위한 설문지
2. 반별 양육 지침(Guidance)
3. 양육과 비전교육 커리큘럼 및 교재
4. 개인양육카드
5. 양육 커리큘럼 및 성경공부 지침
6. 문화수업의 실제
7. 교사교육계획 – ○○교회

○○교회 SFC

반편성을 위한 설문지

이름 : ____________ (중, 고) _____학년

개인 신앙에 대하여

1. 교회에 출석한 지 얼마나 되었습니까?
   (1년 미만 / 2-5년 / 모태신앙)
2. 복음에 대하여 구체적으로 들어본 적이 있습니까?
   (예 / 아니오)
3. 나는 예수님을 나의 개인적인 구주로 영접했습니다.
   (예 / 아니오)
4. 천국에 갈 소망과 확신이 있습니까?
   (예 / 잘 모르겠다 / 아니오)
5. 나는 예배(주일성수)가 어느 다른 일보다 중요하다고 생각한다.(예 / 아니오)
6. 개인경건생활(성경읽기, 기도, QT, 새벽기도 등)을 하고 있습니까? (예 / 가끔 / 아니오)

개인 성향과 은사에 관하여

7. 내가 좋아하며 즐기는 취미생활은 무엇입니까?
   음악듣기, 악기연주, 영화보기, 컴퓨터게임, 독서, 운동, 춤, 그리기, 만들기

그 외 또는 구체적인 것 ______________________________

8. 공부 이외에 내가 잘하는 것, 집중해서 배우고 있는 것은 무엇입니까? (전공할 것 포함)

음악(성악, 악기), 컴퓨터, 독서, 운동, 춤, 미술, 미디어, 디자인

그 외 또 다른 구체적인 것 ______________________________

9. 하나님께서 나에게 특별하게 주신 은사가 있다면 무엇입니까?

10. 하고 싶은데 사정상 또는 여건상 하지 못하고 있는 것은 무엇입니까?

중고등부 반편성과 관련하여

○○교회의 반편성은 개인의 은사와 반별 미션(mission)을 전제로 성경공부와 교회활동 및 봉사가 함께 이루어지는 소그룹 미션(mission) 공동체를 목표로 합니다.

11. 내가 들어가고 싶은 반을 선택하세요.

(찬양반 / 미디어반 / 독서반 / 운동반 / 선교반)

이 외에 새롭게 만들고 싶은 반이 있다면, ________________

12. 내가 그 반을 선택한 이유를 간단하게 써보세요.

반별 양육 지침(Guidance)

구분	교사	학생	양육 목표	양육 내용	비고
중등반	이oo	김oo 송oo	구원의 확신-> 예배생활	3위 하나님, 성경, 기도, 예배와 신앙공동체	우중이 구원의 확신 점검
	김oo	박oo 김ox 김xo 유oo	예배생활-> 성품의 변화	예배와 신앙공동체, QT를 통한 경건훈련 산상수훈	세영이 구원의 확신 점검
	임oo	류oo 김xx 김ss 임oo	구원의 확신-> 개인경건생활	3위 하나님, 죄, 구속, 회개, 심판, 영생 예배와 신앙공동체	희중 대환 개인복음 제시 필요
	허oo	권oo 이oo 유oo 김sc	예배생활-> 개인경건생활	예배와 신앙공동체,기도,성경 QT를 통한 경건훈련	혜진 세린 상은 구원의 확신 점검
고등반	김oo	권oo 송os 김os	개인경건생활-> 봉사와 리더십	QT를 통한 경건훈련, 성령의 열매, Lordship, 섬김, 리더십	민아 복음제시 후 경건훈련 치중
	허ox	박xx 김ee 김ex	개인경건생활-> 봉사와 리더십	QT를 통한 경건훈련, 산상수훈, Lordship, 섬김, 리더십	윤희 복음제시 후 경건훈련 치중
	송oo	박vs 김sv	구원의 확신-> 성품의 변화	예배와 신앙공동체,기도, 성경 십계명	구원의 확신 점검 후 예배생활 및 공동체 의식

이 지침(Guidance)를 참고로 교사가 학생 개개인의 상태를 알고, 양육의 목표와 내용을 결정하도록 하세요. 특히, 다른 학생들에 비해 낮은 신앙과 학년의 학생들은 적용을 할 때 양육목표를 충분히 염두에 두고 하세요.

분기별로 다음 과정을 계획할 때에는 개인별 상태를 반드시 점검하고, 아무리 오래 걸려도 목표에 도달하지 못했을 때에는 다음 과정으로 넘어가지 않도록 해야 합니다.

같은 목표의 과정이라 할지라도 내용에 따라서 수준의 차이를 둘 수 있음을 가만해서 각 과정의 내용을 숙지하도록 하세요.

○○교회(고등부 3학년)

커리큘럼 및 교재

<table>
<tr><th colspan="2" rowspan="2">구분</th><th colspan="2">오전 B/S</th><th rowspan="2">비고</th></tr>
<tr><th>커리큘럼</th><th>교재</th></tr>
<tr><td>3월</td><td rowspan="3">B/S</td><td rowspan="3">예배와 성경에 관한 궁금증 해결하기</td><td rowspan="3">「예배를 잘 드리고 싶은 예수쟁이」 – 손승락
「성경이 궁금한 예수쟁이」 – 손승락</td><td rowspan="3">필요하다고 생각되는 부분만 발췌해서 강의</td></tr>
<tr><td>4월</td></tr>
<tr><td>5월</td></tr>
<tr><td>6월</td><td rowspan="3">세계관 및 Vision</td><td rowspan="3">인생에 관한 비전 갖기</td><td rowspan="3">「10대에 꿈을 꾸고 20대에 준비하여 30대에 영향력을 발하는 인생이 되라」 – 원 베테딕트 지음 (상상북스)</td><td rowspan="3">8개의 단락을 설명 하고 그 중간 5주간에는 이를 점검하고 기도하는 시간 갖는다.</td></tr>
<tr><td>7월</td></tr>
<tr><td>8월</td></tr>
<tr><td>9월</td><td rowspan="3">B/S</td><td rowspan="3">교회, 헌금, 봉사에 관한 궁금증 해결하기</td><td rowspan="3">「교회가 궁금한 예수쟁이」 – 손승락
「헌금 봉사를 잘하고 싶은 예수쟁이」 – 손승락</td><td rowspan="3">필요하다고 생각되는 부분만 발췌해서 강의</td></tr>
<tr><td>10월</td></tr>
<tr><td>11월</td></tr>
<tr><td>12월</td><td rowspan="3">세계관 및 Vision</td><td rowspan="3">인생에 관해 비전 확립 후 비전 실천 방안에 관한 강해</td><td rowspan="3">「공부해서 남주는 인생이 되자」– 원 베테딕트 지음
「돈벌어서 남주는 인생이 되자」– 원 베테딕트 지음
여러 참고 자료 활용할 계획</td><td rowspan="3"></td></tr>
<tr><td>1월</td></tr>
<tr><td>2월</td></tr>
</table>

개인양육카드

No______

개인신상

이름		성 별	남　여	생년월일	
주소		집전화		Mobil	
학교	중학교 고등학교	신급	학　습(　)-세례(　) 유아세례(　)-입교(　)	E-mail	

가족사항

관계	이름	생년월일	학력	직업	종교	비고

양육기록

학년	당당교사	양육목표 구원확신-성품과 삶의 변화-봉사/리더십-헌신	비고
중1			
중2			
중3			

중등부 양육참조사항

학년	당당교사	양육목표 구원확신-성품과 삶의 변화-봉사/리더십-헌신	비고
중1			
중2			
중3			

고등부 양육참조사항

OO 교 회 교 육 위 원 회

ㅇㅇ교회 중고등부

양육커리큘럼 및 성경공부 지침

1. 양육커리큘럼

1) 분기단위로 커리큘럼 작성

학생들의 한분기의 영적인 성장상태를 점검하고 다음 성장목표를 정하는 형태의 커리큘럼을 작성한다.

2) 학기 중과 방학 커리큘럼을 구분하여 운영한다.

학기 중에는 성경공부 위주로, 방학에는 세계관 및 비전교육을 위주로 커리큘럼을 구분한다.

3) 오전과 오후를 구분하여 운영한다.

오전에는 중등반과 고등반을 분리하여 분반을 통한 성경공부 및 비전교육을 실시하고, 오후에는 개인 은사와 비전에 따른 workshop과 행사 위주의 활동을 실시한다.

2. 성경공부 방법

1) 양육원칙

- 주교재는 반드시 성경이다.
- 내용전달은 몇 번에 걸쳐서라도 충분히 전한다.
- 반드시 적용질문을 줌으로서 말씀을 생활 가운데 결단하고 적용하게 한다.
- 지난 성경공부의 적용나눔을 반드시 하라.

- 모든 학생들의 양육상태를 기록하여 남긴다.

2) 성경공부운영

- 인사와 나눔 : 한 주간의 삶과 말씀 적용에 대한 나눔으로 시작
- 기도 : 나눔에 대한 감사와 말씀을 공부함에 있어 성령께 부탁함 (교사)
- 주 제 설 명 : 도입(예화 또는 질문)을 통해 오늘 주제에 대한 기대를 가지게 함
- 성 경 공 부 : 성경본문이 말하는 주제에 대한 설명과 해석, 이해를 위해 갖가지 도구 사용
- 결 론 도 출 : 한 가지 요점만 전하기(one point message)
- 적용과 결단 : 결론에 대한 삶의 결단을 생활에 어떻게 적용할 것인가를 질문함
- 기 도 : 삶의 결단과 적용을 위한 기도(학생)

3. 교사와 양육

1) 학생들의 영적 상태 진단 및 성장목표 설정 – 담당교역자와 논의 후 결정

2) 성경을 바로 가르치기 위한 개인 성경연구 과정

- 분기별로 성경연구에 대한 세미나 및 workshop 실시
- 교사간의 도움을 위한 그룹 스터디 활용
- 교사들을 위한 도서 확보 및 대출

3) 적용질문을 위한 학생들의 상황알기와 개인카드 작성

문화수업의 실제

매　　체 : 비디오 영화 '다간'

주　　제 : 학생들에게 성경적 가치관 배양

학습목표 : 1. 하나님이 만물의 창조자이며 생명의 주관자임을 알게 한다.

2. 뉴에이지의 세계관과 성경적 세계관을 알게 한다.

교사준비

1) 영상기계를 준비한다(TV 모니터, VCR).

2) 다간 시리즈 중 마지막 단계 하이퍼 다간의 7번째 테이프를 비디오점에서 대여해서 준비한다(요즘 인기 있는 영화이기 때문에 미리 대여하거나 예약을 해둔다).

배경 및 줄거리

다간 시리즈는 21개의 테이프로 전설의 용사 다간, 그레이트 다간, 하이퍼 다간으로 되어 있다. 배경은 일본을 중심으로(일본 만화영화임) 전세계와 우주를 무대로 삼고 있다. 내용은 우주의 오보스라는 요괴가 생명이 있는 행성을 찾아다니며, 그 행성의 생명인 행성에너지를 빼앗는 것으로 사건은 전개된다. 이 오보스라는 요괴는 이미 다른 은하계의 행성에서 그 행성에너지를 빼앗고, 이번에는 지구라는 행성으로 찾아와 지구의 행성에너지를 빼앗기 위해 행성의 폭발점을 찾던 중 지구를 지키는 전설의 용사(다간)가 잠에서 깨어나 일본의 한 소년(장민호)을 선택해 대장으로 삼고 오보스를 대적해서 싸우게 된다. 그러나 다간과 대장(장민호)은 자신들이 오보스를 물리칠 수 없음을 깨닫고, 지구에 존재하는 전설의 힘을 구하게 되고 그 전설적인 힘에 의해 우주의 요괴 오보스를 물리치게 된다.

연구 및 용어 해설

본 만화영화의 대사 중에 반 기독교적인 세계관인 뉴에이지의 세계관과 진화론이 언급되고 있다.

"별과 마음을 함께 하라", "지구에 사는 모두가 한마음 한뜻이 되면 전설의 힘이 발동해 지구를 지켜준다", "별과 운명을 함께 하는 생명들이여 별과 마음을 함께 하라", "황금의 빛이 모여들어 새로운 길을 비추리라", "엄마별의 목소리", "지구의 목소리" 등

뉴에이지 사상 – 모든 것이 하나라는 사상, 우주는 광대한 에너지이며 서로 연관되어 상호 작용을 한다. 자연 속에 에너지가 흐름, 모든 것이 신이다.

뉴에이지의 신 개념 – 비인격적 에너지로 봄.

기독교 사상 – 모든 피조물은 하나님의 영광을 위해서 만들어졌고 생명은 하나님의 형상을 닮은 사람에게만 있다.

과정

본 만화 영화에서는 동양의 신비주의적 요소가 많이 들어있다. 이 동양적 신비주의는 창조론에 입각한 세계관이기보다 진화론과 뉴에이지 사상이 들어있는 세계관이기에 어린학생들에게 큰 영향을 미칠 수 있다. 그리고 본 만화 영화에는 영혼의 기준이 없이 지구자체를

생명으로 보고 있으며 지구를 엄마별이라는 단어를 사용하며 로봇이 생명이 있는 것처럼 피눈물을 흘리기도 한다(교사들이 꼭 보고 모니터 할 것을 권한다).

1. 본 만화영화를 보고 느낌을 말해보자.
왜 그런 느낌을 받았는지 이유를 말해보자.

2. 뉴에이지의 세계관과 기독교적 세계관을 비교해보자.
(교사의 도움이 필요)

3. 과연 지구에 생명이 있는가?

심화발전문제

왜 모든 피조물은 지구의 전설의 힘이 아닌 하나님을 찬양해야 하는가?(계 5:11, 시 148:5)

○○교회 교사 교육

1. 목적

주일학교 교사로 지원했거나 혹 교사에 대한 관심이 있는 사람들이 실제로 주일학교 교사의 사역을 감당하는데 필요한 자질들을 갖추어가는 것을 돕는다.

2. 방침

1) 교사 지원자들의 기본적인 경건 생활 훈련을 실시한다.
2) 교사 지원자들이 성경 전체를 보는 안목을 갖도록 훈련한다.
3) 교사 지원자들에게 기독교 교육에 대한 안목을 제공해 준다.
4) 교회 주일학교 상황에서 실제로 필요한 여러 기능들을 익히도록 돕는다.
5) 교회 주일학교와 아이들을 가슴에 품고 기도할 수 있는 훈련을 실시한다.
6) 일방적 강의를 지양하고 교사지원자들이 자신의 생각을 충분히 표현하고 토론할 수 있도록 한다.
7) 주일 시간이 짧으므로 과제물을 통한 훈련이 될 수 있도록 과제물 체크를 정확하게 한다.
8) 지원자들의 영적, 교육적 준비 정도에 따라 융통성있게 진행한다.

3. 일시 : 2003년 8월 3일 – 10월 26일(총 12주)

4. 장소 : 목양실

5. 각 항목별 훈련 계획

1) 기본 경건 훈련

① QT : 매일 성경 본문

② 성경읽기 : 하루에 4장, 맥체인 성경읽기표를 권유하되, 자유에 맡김

③ 개인기도 : 30분 (주일학교와 교육, 본인의 교사로서의 준비 등 기도제목 필수 포함)

④ 매 모임 때마다 확인표 제출

2) 성경 전체를 보는 안목 및 기도 훈련, 멤버십

월 1회 총 3회 정도 1박 수련회(주로 토, 일을 활용)를 실시하고 이 때 성경 전체에 대한 맥을 잡을 수 있는 강의와 기도 훈련, 멤버십 훈련을 함 (MT가 어려울 경우는 평일 오후를 이용함)

3) 기독교 교육에 대한 안목 갖기

강의와 독서를 통해 실시

4) 교회 학교로 교사로서 필요한 실질적인 기능 익히기

교회 학교 예배, 반 목회, 복음 제시, 신입반 운영, 성경 교안 짜기, 아이들 문화 및 심리 이해하기 등에 대해서는 본인이 실제로 해보고 피드백을 받는 방식으로 진행

6. 세부 교육 일정

차시	날짜	주일교육과정	과제물	비고
1차시	8월 3일	오리엔테이션	개인 간증문 작성	
2차시	8월 10일	교사의 소명		강의(정oo)
3차시	8월 24일	주일학교론		강의(정oo)
4차시	8월 30일	성경개관1, 기도훈련1, 주일학교 참관 및 인터뷰	주일학교 참관 보고서 작성	
5차시	9월 7일	교사론(교사의 자세와 영광)		강의(박oo)
6차시	9월 14일	복음 제시법	복음 제시 연습,	
7차시	9월 21일	기독교 교육과 교회 교육		강의(엄oo)
8차시	9월 27일	성경개관2, 기도훈련2, 복음제시 실제	복음 제시 소감문 작성	
9차시	10월 5일	성경교수법 특강		강의(이oo)
10차시	10월 12일	주일학교 수업 지도안 작성법	정해준 본문에 의거 주일학교 수업 지도안 작성해 오기	
11차시	10월 19일	반목회 이론과 실제		강의(박oo)
12차시	10월 25일	성경개관3, 기도훈련3, 주일학교 실제 수업	주일학교 수업 소감문 작성	수료식

* 위의 내용은 강사 혹은 수강생들의 상황에 따라 변경될 수 있습니다.

* 과제물 및 필독서는 아직 완전히 정해지지 않아 싣지 못했습니다. 추가될 예정입니다.

7. 기타

1) 12회 중 9회 이상 출석해야 수료 대상이 됨(3회 이내의 결석의 경우도 반드시 그 주 교육 과정에 대한 개인 지도 혹은 자료를 통해 학습을 한 후 보고서를 제출해야 한다.

2) 모든 과제물은 2부 작성하여 한 부는 제출하고 나머지 한 부는 본인이 보관한다.

참고문헌

김영래. “뉴 밀레니엄과 기독교 교육: 교회 교육을 위한 하나의 제안.”「신앙과 교육」, 1999, 11.

변순복. 『유대인 교육법』. 서울: 대서출판사, 2008.

판도른. 안재경 역. 『'예배의 아름다움』. 서울: SFC, 1999.

짐 그래함. “예배란 무엇인가?”. http://cafe.daum.net/khc23467

강헌구. “강교수비전스쿨 교육커리큘럼”. http://seoulvisionschool.or.kr

정웅섭. 『교회교사교육의 현실과 방향』. 서울: 대한기독교서회, 2004.

정병오. “두레교회 교사교육 프로그램”. http://www.goodteacher.org/technote2

박영수. “용산중앙교회 중고 SFC 반별양육지침 및 운영자료”.